U0636875

沥青混合料级配设计理论及实践应用

毕玉峰 著

科学出版社

北京

内 容 简 介

本书经过大量的研究，对级配设计方法的发展历史进行了系统的梳理和分析，涵盖了 n 法、i 法、k 法、贝雷法、分形方法、Superpave 级配设计法等，能够使读者深入浅出地学习和掌握各种级配设计方法的由来、公式的推演过程及各种级配设计方法之间的联系，同时，书中还配有大量的示例，为实践应用提供了良好的范例。此外，作者结合自身的科研成果，对法国 GB5 级配设计方法进行了系统的介绍，并在深入分析和挖掘其优缺点的基础上，利用 CBR 参数进行了该设计方法的拓展和创新，建立了一种新型级配设计方法——多级迭代级配设计方法，通过室内和实体工程验证，该设计方法设计出的沥青混凝土各项路用性能优良，为今后沥青混合料的设计提供了新方法。

本书可作为高等院校土木工程专业本科生、研究生的参考书，也可作为土木工程相关技术人员的参考资料。

图书在版编目(CIP)数据

沥青混合料级配设计理论及实践应用 / 毕玉峰著.—北京：科学出版社，2023.11

ISBN 978-7-03-077057-8

Ⅰ. ①沥…　Ⅱ. ①毕…　Ⅲ. ①沥青拌和料-级配-设计-研究　Ⅳ. ①U414.7

中国国家版本馆CIP数据核字(2023)第219768号

责任编辑：周　炜　乔丽维 / 责任校对：崔向琳
责任印制：肖　兴 / 封面设计：陈　敬

科学出版社 出版
北京东黄城根北街 16 号
邮政编码：100717
http://www.sciencep.com
北京中科印刷有限公司 印刷
科学出版社发行　各地新华书店经销
*
2023 年 11 月第　一　版　开本：720×1000 1/16
2023 年 11 月第一次印刷　印张：14 1/2
字数：290 000
定价：118.00 元
(如有印装质量问题，我社负责调换)

前　言

在多年的学习和从业经历中我时常反思一个问题：具有全球引领性的原创成果和基础理论为何很难在我国产生？在其他领域我可能孤陋寡闻，而在自己从事的道路工程领域我尝试着深入梳理和思考这一问题。由于多年的学习、科研和工作，我对本行业也有了一些浅显的理解，截至目前，我国公路通车里程已经位列全球第一，但在道路工程的基础性理论和方法方面依然没有大的跨越式突破和创新。

每念及此，如鲠在喉，心情总是非常沉重，压在心头的问题时常提醒我要寻求自己认可的答案和解决问题的途径。在阅读诸多中文专业文献和研究期间，很难找到系统全面介绍道路发展史和道路理论发展史的优秀著作，在各种专著中引用的理论方法、技术指标难以找到出处，各种方法和理论应用的边界条件也有一些模糊不清，学生和一线技术人员在各种计算建模时较为随意、对一些方程应用的边界条件似是而非，得出的结论是否可以应用于想要解决的问题也是盲人摸象、不知所云……牛顿曾经说过："Standing on the shoulders of giants"，但在学习前人成果的时候，一定不要断章取义、简单地引用结论，而是要刨根问底、知其然更要知其所以然，否则，不假思索的"拿来主义"往往会南辕北辙，殊不知虽然他山之石可以攻玉，但若用错了，再好的"玉"也会被废掉。

有了以上想法后，原本计划对道路技术中常用的一些关键技术指标的来龙去脉进行一次系统的考证，但待静下心来梳理时才发现，任何一项内容的梳理都需要巨大的精力和时间，而且很多技术指标的源头都来自国外，而作者的科研条件和资料获取途径有限，无法短期内实现这一宏大愿景，只能望洋兴叹，留待今后机缘了。

本书是作者对上述愿景中"级配"内容的一点初探，目的就是想把级配的来源、发展史和基本理论说清楚，让学生和一线工作人员能够知其然也知其所以然，为今后他们提出更好的级配设计方法提供一副"肩膀"、成为"他山之石"。

目　　录

第一篇　级配设计理论发展史

第1章　集　　料

集料级配是指集料颗粒的分布[1]。以体积分数表示的级配具有重要意义，但是习惯上以质量分数表示各粒径的分布情况，前提是所采用的各档集料的密度大致相等，否则需要进行相应的体积换算后，再按照体积法进行级配设计和计算。

集料级配是影响沥青混合料强度、稳定性、耐久性、渗水性、和易性、抗疲劳性能和抗水损害性能等路用性能最为重要的因素之一。

1.1　矿质集料的性状

常用的矿质集料包括天然砂石料、人工轧制的集料以及工业冶金矿渣等。其中，天然砂石料一般直接采自河边或在工程现场开采，未进行进一步加工，直接用于后期混合料的生产；人工轧制的集料是指经过破碎和筛分并满足一定尺寸要求的集料；工业冶金矿渣作为工业副产品用于道路中，一般需要进行评估并满足工程要求后才能使用，主要解决固体垃圾的处理问题，但未经检测不能用于工程，以免损害工程质量。

在考虑集料来源、加工方法、矿物特性的基础上，应选择坚硬的集料形成骨架以抵抗荷载。一般来说，纹理粗糙、棱角性好的棱角性集料是最优选择，该种集料可形成互锁，使材料的整体强度增大，而圆形集料恰好相反(图 1.1)。

(a) 棱角性集料　　　　　　　　　　　(b) 圆形集料

图 1.1　集料形状

通过观察料堆(图 1.2)，可以看出棱角性集料与圆形集料的抗剪强度差异,即破碎的集料(大部分是棱角性集料)形成的料堆比圆形集料料堆更陡更稳定。料堆的斜坡与水平方向构成休止角,破碎集料料堆休止角比未破碎集料(圆形集料)料堆休止角大,说明破碎集料间的嵌锁能力较强。

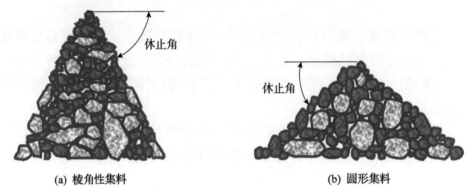

(a) 棱角性集料　　　　　　　　　　　(b) 圆形集料

图 1.2　集料形状与抗剪强度

研究者多用莫尔-库仑理论(因其创立了该理论而以其名字命名)解释集料间的抗剪能力。该理论表明,集料混合物的抗剪强度取决于集料颗粒在集料体中保持在一起的程度(常常称为黏聚力)、集料受到的应力以及集料的内摩擦力(图 1.3)。莫尔-库仑方程用来表达材料的抗剪强度。

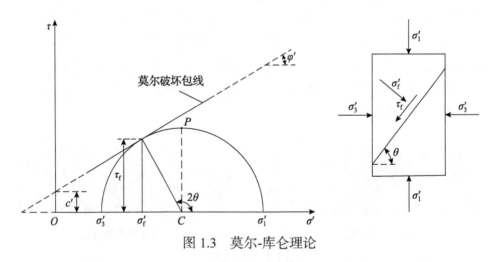

图 1.3　莫尔-库仑理论

集料的黏聚力相对较小,抗剪强度主要依赖于集料的内摩擦力,也就是集料的内摩擦角。通过集料内摩擦角的互锁,集料具有强大的承载能力。为此，在工程中需要规范集料特性以保证内摩擦力。一般方法是，规定合成集料中粗集料部分破碎面的百分比。由于天然砂基本是圆形的，内摩擦力小，在级配设计过程中应限制天然砂的用量[2]。

1.2　集料颗粒(石料)的物理性质

集料颗粒(石料)的物理性质可以通过一系列物理指标进行表达和反映，如真实密度、毛体积密度、孔隙率、吸水性(吸水率、饱水率等)、抗冻性(耐候性、坚固性等)。这些物理指标是集料颗粒(石料)矿物组成结构状态的反映，与集料颗粒(石料)的技术性质关系密切，通过这些物理指标可以间接预测集料颗粒(石料)的技术性质。

集料及颗粒(石料)构造如图 1.4 所示。

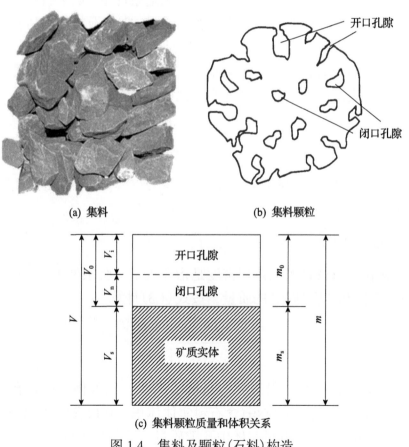

(a) 集料　　　　　　　　　　　　(b) 集料颗粒

(c) 集料颗粒质量和体积关系

图 1.4　集料及颗粒(石料)构造

1. 真实密度

集料颗粒(石料)的真实密度是指在规定条件(干燥、试验温度为 20℃)下，石料矿质实体单位真实体积(不包括石料的开口孔隙体积、闭口孔隙体积)的质量，简称真密度，按式(1.1)计算。

$$\rho_t = \frac{m_s}{V_s} \tag{1.1}$$

式中，ρ_t 为石料的真实密度，g/cm³；m_s 为石料实体的质量，g；V_s 为石料实体的体积，cm³。

2. 表观密度

集料颗粒(石料)的表观密度是指在规定条件下，烘干石料包括矿质实体和闭口孔隙在内的单位表观体积的质量。需将石料饱水后在水中称量其质量，按排水法计量其体积，此法是假定饱水后，水充满试件全部与外界连通的开口孔隙，故测得的矿质实体体积是包括闭口孔隙在内的体积，称为表观体积。表观密度亦称视密度，按式(1.2)计算。

$$\rho_t' = \frac{m_s}{V_s + V_n} \tag{1.2}$$

式中，ρ_t' 为石料的表观密度，g/cm³；V_n 为石料实体中闭口孔隙的体积，cm³。

3. 毛体积密度

集料颗粒(石料)的毛体积密度是指在规定试验条件下，石料单位体积(包括实体和孔隙体积)的质量，按式(1.3)计算。

$$\rho = \frac{m_s + m_0}{V_s + V_n + V_i} = \frac{m}{V} \tag{1.3}$$

式中，ρ 为石料的毛体积密度，g/cm³；V_i 为石料实体中开口孔隙的体积，cm³；V 为石料的毛体积(含石料实体体积、开口孔隙体积和闭口孔隙体积)，cm³；m_0 为石料实体中孔隙质量，可忽略不计。

4. 孔隙率

集料颗粒(石料)的孔隙率是指孔隙体积占其总体积的百分率，按式(1.4)计算。

$$P_v = \frac{V_0}{V} = \left(1 - \frac{\rho}{\rho_t}\right) \times 100\% \qquad (1.4)$$

式中，P_v 为石料的孔隙率，%；V_0 为石料实体的孔隙体积(含开口孔隙体积和闭口孔隙体积)。

1.3　集料的技术性质

集料包括岩石经人工轧制的各种尺寸的碎石以及天然风化而成的漂石、砾石(卵石)和砂等[1]。

漂石：天然风化的矿质混合料，粒径一般大于 80mm。

砾石(卵石)：粒径小于 40mm 而大于 5mm，按其粒径又分为粗砾石、中砾石和细砾石等。

砂：粒径一般小于 5mm。

碎石同样按粒径的大小进行命名，如粗碎石、中碎石、细碎石和石屑等。通常情况下，将集料分为粗集料和细集料两类，粒径小于 5mm 的为细集料，粒径大于 5mm 的为粗集料。由于产状和轧制工艺的不同，它们之间粒径界限允许存在交叉。

以上按粒径进行分类的方法只是其中的一种，目前尚无统一标准，各地区命名方法也不相同。

集料质量和体积的关系如图 1.5 所示。

1.3.1　粗集料的技术性质

1. 表观密度

粗集料的表观密度是指在规定条件下，单位表观体积(包括矿质实体和闭口孔隙)的质量，也称视密度，按式(1.5)计算。

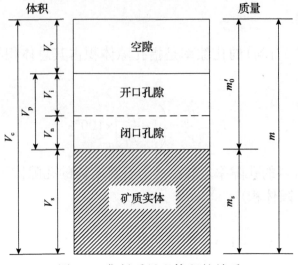

图 1.5　集料质量和体积的关系

$$\rho_{a} = \frac{m_{s}}{V_{s} + V_{n}} \tag{1.5}$$

式中，ρ_{a} 为粗集料的表观密度，g/cm^3；m_{s} 为粗集料矿质实体的质量，g；V_{s} 为粗集料矿质实体的体积，cm^3；V_{n} 为粗集料闭口孔隙的体积，cm^3。

2. 毛体积密度

粗集料的毛体积密度是指在规定条件下，单位毛体积(包括矿质实体、闭口孔隙和开口孔隙)的质量，按式(1.6)计算。

$$\rho = \frac{m_{s} + m_{0}'}{V_{s} + V_{n} + V_{i}} \tag{1.6}$$

式中，ρ 为粗集料的毛体积密度，g/cm^3；V_{i} 为粗集料开口孔隙的体积，cm^3；m_{0}' 为粗集料空隙和孔隙的质量，可忽略不计。

3. 堆积密度

粗集料的堆积密度是指集料装填于容器中，包括集料颗粒之间的空隙和孔隙(含开口孔隙和闭口孔隙)在内的单位体积质量，按式(1.7)计算。

$$\rho_{sc} = \frac{m_s}{V_s + V_v + V_p} = \frac{m_s}{V_c} \tag{1.7}$$

式中，ρ_{sc} 为粗集料的堆积密度，g/cm^3；V_v 为粗集料颗粒间空隙的体积，cm^3；V_p 为粗集料孔隙体积(含开口孔隙和闭口孔隙)，cm^3；V_c 为粗集料的堆积体积(含粗集料实体体积、开口孔隙和闭口孔隙体积、粗集料颗粒间空隙体积)，cm^3。

4. 空隙率

粗集料空隙率是指集料试样空隙和开口孔隙的体积占总体积的百分率，按式(1.8)计算。

$$v_G = \left(1 - \frac{\rho_{sc}}{\rho_a}\right) \times 100\% \tag{1.8}$$

式中，v_G 为粗集料的空隙率，%。

5. 捣实状态下粗集料松装间隙率

捣实状态下粗集料松装间隙率是指集料在捣实状态下空隙体积占总体积的百分率，按式(1.9)计算。

$$VCA_{DRC} = \left(1 - \frac{\rho_{sc}}{\rho}\right) \times 100\% \tag{1.9}$$

式中，VCA_{DRC} 为捣实状态下粗集料松装间隙率，%；ρ_{sc} 为按捣实法测定的粗集料的堆积密度，g/cm^3。

6. 自然含水率

自然含水率是指粗集料在自然条件下所含水分的质量占干燥集料质量的百分率。

7. 饱和面干含水率

饱和面干含水率是指粗集料在颗粒内部充满水分而表面呈干燥状态时，粗集料所含水分的质量占干燥集料质量的百分率。自然含水率可以高于或低于饱和面干含水率。

1.3.2　细集料的技术性质

细集料包括轧制碎石或矿渣所得到的粒径小于 5mm 的集料，多数细集料为天然风化形成的砂，所以细集料主要以砂为代表。细集料的技术性质与粗集料的表观密度、堆积密度和空隙率等技术性质完全相同，但是由于细度的特点，亦有不同之处，主要是它的粒径较小，所需试样数量可以减少，测定精度也可以提高，因此测定和计算的方法与测试粗集料稍有不同，具体可参见相关试验规程。

1.3.3　级配

1. 最大集料尺寸

(1)最大粒径：集料试样颗粒全部通过的最小标准筛筛孔尺寸[3]。

(2)公称最大粒径：集料能全部通过或有少量不通过(一般容许筛余百分率不超过 10%)的最小标准筛筛孔尺寸，通常比集料最大粒径小一个粒级[3]。

2. 标准筛

对颗粒性材料进行筛分试验所采用的符合标准形状和尺寸规格要求的系列样品筛。以方孔标准筛为例，标准筛筛孔尺寸依次为 75mm、63mm、53mm、37.5mm、31.5mm、26.5mm、19mm、16mm、13.2mm、9.5mm、4.75mm、2.36mm、1.18mm、0.6mm、0.3mm、0.15mm、0.075mm。另外，我国集料标准筛的发展有一个过程，其具体的发展历程可参考文献[4]。

3. 分计筛余百分率

分计筛余百分率是指在某号筛上的筛余质量占试样总质量的百分率，计算公式为

$$a_i = \frac{m_i}{M} \times 100\%　　　　　　　　(1.10)$$

式中, a_i 为某号筛的分计筛余百分率, %; m_i 为存留在某号筛上的质量, g; M 为试样的总质量, g。

4. 累计筛余百分率

累计筛余百分率是指某号筛的分计筛余百分率及大于该号筛的各分计筛余百分率之和, 计算公式为

$$A_i = a_1 + a_2 + \cdots + a_i \tag{1.11}$$

式中, A_i 为累计筛余百分率, %; $a_1 + a_2 + \cdots + a_i$ 为某号筛及大于该号筛的各分计筛余百分率之和, %。

5. 通过百分率

通过百分率是指通过某号筛的试样质量占试样总质量的百分率, 计算公式为

$$P_i = 100\% - A_i \tag{1.12}$$

式中, P_i 为通过百分率, %; A_i 为累计筛余百分率, %。

第2章 主流级配设计理论与方法

2.1 最大密度曲线理论

1905年，Fuller和其同事Thompson经过大量试验，在杰罗姆公园水库工程中进行了水泥混凝土的级配设计，并完成了他们的一篇总结报告[5]。报告中提出了一种理想曲线，该理论认为，通过搭配不同比例粒度大小的固体颗粒，可获得最大密度和最低空隙水平的矿料组成。初期研究的理想曲线是：细集料以下的颗粒级配为椭圆形曲线，粗集料级配为与椭圆形曲线相切的直线，由这两部分曲线组成的级配曲线可以达到最大密度。这种曲线计算方法比较复杂，后来经过许多研究和改进，Fuller等提出了简化的抛物线最大密度理想曲线(图2.1)。该理论认为，矿质混合料的颗粒级配曲线越接近抛物线，则密度越大[1]。

根据上述理论，当矿质混合料的级配曲线为抛物线时，最大密度曲线可用矿料粒径d_i与通过百分率P_i表示，即

$$P_i^2 = kd_i \tag{2.1}$$

式中，P_i为各级矿料粒径的通过百分率，%；d_i为各级矿料粒径，mm；k为常数。

当矿料粒径d_i等于最大粒径D时，则通过百分率为100%，即$d_i = D$时，$P_i = 100\%$，则k可表示为

$$k = \frac{1}{D} \tag{2.2}$$

当求任一级矿料粒径d_i的通过百分率P_i时，可将式(2.2)代入式(2.1)得

$$P_i = \left(\frac{d_i}{D}\right)^{0.5} \times 100\% \tag{2.3}$$

式中，D 为矿料的最大粒径，mm。

该理论的目标是获得具有最大密实度且空隙最小化的矿料级配，相应的级配曲线光滑平顺，属于连续级配。

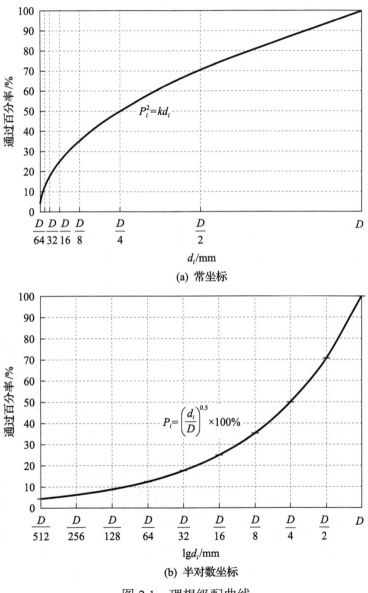

(a) 常坐标

(b) 半对数坐标

图 2.1   理想级配曲线

2.2　n 法

由于最大密度曲线是一种理论的级配曲线，在实际应用中，许多研究者认为这一公式的指数不应固定为 0.5。有的研究者认为沥青混合料中取指数 $n=0.45$ 时密度最大。通常使用的矿质混合料级配范围（包括密级配和开级配）指数 n 常在 0.3～0.7（图 2.2）。后来，Talbol 把最大密度曲线公式改变为通式，如式（2.4）所示。因此在实际应用时，矿质混合料的级配曲线应该允许在一定范围内波动，目前级配设计多采用 n 次幂的通式（简称 n 法）。

$$P_i = \left(\frac{d_i}{D}\right)^n \times 100\% \tag{2.4}$$

从式（2.4）可以看出，当 $n=0.5$ 时为抛物线，即最大密度曲线公式。为方便计算，n 法公式也可改写为对数方程，即

$$\lg P_i = \lg 100 + n\lg d_i - n\lg D = (2 - n\lg D) + n\lg d_i \tag{2.5}$$

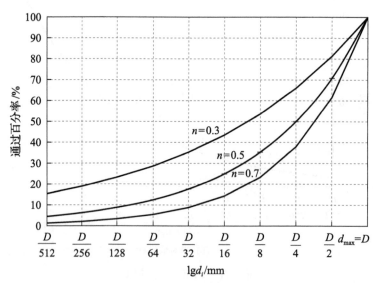

图 2.2　Talbol 级配曲线范围图

举例说明如下：

已知矿质混合料的最大粒径 D=40mm，n=0.3 和 0.5，试求其各级矿料的通过百分率（矿料各级粒径尺寸按 1/2 递减）。

求解如下：

$$\lg P_i = (2 - n \lg D) + n \lg d_i = (2 - 0.3 \lg 40) + 0.3 \lg d_i$$

$$\lg P_i = (2 - n \lg D) + n \lg d_i = (2 - 0.5 \lg 40) + 0.5 \lg d_i$$

将按最大粒径为 40mm 的 1/2 递减所得的 d_i 代入上式可得各级粒径通过百分率，计算结果见表 2.1。

表 2.1　理想级配曲线各级粒径通过百分率

分级顺序 N		1	2	3	4	5	6	7	8	9	10
粒径比 $\dfrac{D}{2^{N-1}}$		D	$\dfrac{D}{2}$	$\dfrac{D}{4}$	$\dfrac{D}{8}$	$\dfrac{D}{16}$	$\dfrac{D}{32}$	$\dfrac{D}{64}$	$\dfrac{D}{128}$	$\dfrac{D}{256}$	$\dfrac{D}{512}$
理论粒径/mm		40	20	10	5	2.5	1.25	0.63	0.31	0.16	0.08
通过百分率/%	n=0.3	100	81.23	65.98	53.59	43.53	35.36	28.79	23.27	19.08	15.50
	n=0.5	100	70.71	50.00	35.36	25.00	17.68	12.55	8.80	6.32	4.47

2.3　k 法

苏联的伊万诺夫和奥浩钦等提出矿质混合料粗细矿料粒径比按 1/16 递减，次一级矿料质量占上一级矿料质量的 43% 时，可使混合料获得最大密实度，用矿料颗粒分级质量递减系数 k 为参数计算次一级矿料在上一级矿料质量的占比，当颗粒分级质量递减系数的变化幅度为 25%～50% 时，混合料密实度仍保持较高的水平[1]。以上结论是在粗细集料密度相差不大的情况下得出的，如果集料之间密度相差较大，宜换算成体积进行相应计算。

采用矿料粒径比按 1/16 递减配制而成的混合料，由于相邻粗细粒径相差过于悬殊，在拌和摊铺时很容易产生离析现象，因而很难达到预期的最佳密实度要求。为改善这一缺陷，伊万诺夫将矿料粒径比由 1/16 增大到 1/2，并认为颗粒分级质量递减系数按相同次数变化时，混合料的密实度仍可保持不变。

定义 D_1 为矿料最大粒径，当矿料粒径按 1/2 递减时，其相应的各级粒径尺寸为

$$D_1 , \quad D_2 = \frac{1}{2}D_1 , \quad D_3 = \left(\frac{1}{2}\right)^2 D_1 , \quad \cdots , \quad D_n = \left(\frac{1}{2}\right)^{n-1} D_1 \tag{2.6}$$

式中，n 为粒径尺寸数量。

又令 w_1 为第一档 $\left(D_1 , \ D_2 = \frac{1}{2}D_1\right)$ 矿料的质量分数，则相应其余各档矿料的质量分数为

$$w_1 = k^0 w_1 , \quad w_2 = k^1 w_1 , \quad w_3 = k^2 w_1 , \quad \cdots , \quad w_m = k^{m-1} w_1 \tag{2.7}$$

式中，m 为粒料分档数目，$m = n - 1$。

在 n 法中，由于计算的是各档矿料的通过百分率，是按照无穷级数进行计算，没有最小粒径的控制，在设计中如果直接利用，往往会造成矿粉含量过高，给路面的高温稳定性带来不利影响。而 k 法采用各档的质量分数，通过控制最末一级筛孔 D_n 的通过百分率，即可实现相应的计算。

也就是说，在控制最末一级筛孔 D_n 的通过百分率为 0 后，则相应各级 w_i 之和为 100%。计算如下：

$$w_1 + w_2 + w_3 + \cdots + w_m = w_1 \left(1 + k + k^2 + \cdots + k^{m-1}\right) = 100\% \tag{2.8}$$

求得

$$w_1 = \frac{1-k}{1-k^m} \times 100\% \tag{2.9}$$

则第 i 级矿料的质量分数为

$$w_i = w_1 \cdot k^{i-1} = k^{i-1} \cdot \frac{1-k}{1-k^m} \times 100\% \tag{2.10}$$

如果按照传统的通过百分率进行表示，公式可推导如下：w_i 档对应

的筛孔为 (D_i, D_{i+1})，则筛孔 D_{i+1} 及以上矿料的累计筛余百分率为

$$
\begin{aligned}
T_i &= w_1 \left(1 + k + k^2 + \cdots + k^{i-1}\right) \\
&= \frac{1-k}{1-k^m} \left(1 + k + k^2 + \cdots + k^{i-1}\right) \times 100\% \\
&= \frac{1-k^i}{1-k^m} \times 100\%
\end{aligned} \tag{2.11}
$$

筛孔 D_{i+1} 的通过百分率表示为

$$
P_i = \left(1 - \frac{1-k^i}{1-k^m}\right) \times 100\% \tag{2.12}
$$

又由公式 $D_n = \left(\dfrac{1}{2}\right)^{n-1} D_1$，两边取对数并整理可得

$$
n = -\frac{\lg \dfrac{D_1}{D_n}}{\lg \dfrac{1}{2}} + 1 \tag{2.13}
$$

$$
m = n - 1 = -\frac{\lg \dfrac{D_1}{D_n}}{\lg \dfrac{1}{2}} = 3.3219 \lg \frac{D_1}{D_n} \tag{2.14}
$$

式 (2.14) 即为控制筛孔数目的计算公式。举例如下[6]：

如果设计最大粒径为 10mm，最小粒径为 0.075mm，则由式 (2.14) 可求得 m=7.06，划分的筛孔尺寸数 n=7+1=8，按式 (2.12) 计算各级筛孔的通过百分率，其中 i 为要求解通过百分率的各筛孔编号，具体计算结果见表 2.2。

可以看出，k 值越大，各筛孔通过百分率越大，级配越细，一般取 k 值为 0.65～0.84。

表 2.2 k 法各筛孔通过百分率计算结果

筛孔尺寸/mm		10	5	2.5	1.2	0.6	0.3	0.15	0.075
	i	0	1	2	3	4	5	6	7
	k=0.65	100	63.24	39.35	23.10	13.26	6.86	2.70	0
P_i/%	k=0.8	100	74.78	54.60	37.62	24.88	14.68	6.52	0
	k=0.9	100	80.94	63.79	47.49	33.68	21.25	10.07	0

2.4　i 法

1978 年 6 月，同济大学道路与交通工程研究所林绣贤教授在参照 n 法和 k 法的基础上提出 i 法[7]，具体内容如下。

2.4.1　基本原理

良好的集料组成需满足空隙率最小而比表面积的总和不太大，前者的目的是使集料本身达到最大密实，后者的目的是使掺加料最为节约。因此，必须研究粗细集料各自的配比问题以及它们组合后的配比问题。这类问题的解决途径有嵌挤原则和级配原则，前者的理论基础是填充理论，后者的理论基础是干涉理论[8]。

1. 嵌挤原则——填充理论

集料不是球体，但集料颗粒间排列、堆积的基本关系和球体颗粒相同，因此一般借用球体来代替集料颗粒进行研究，以明确填充理论的基础并简化计算。

1) 简单立方体堆积——颗粒排列堆积的最松状况

图 2.3(a)表示边长为 D 的立方体，其中放置一个直径为 D 的圆球，此时其空隙率为

$$v = \left(1 - \frac{\frac{\pi}{6}D^3}{D^3} \right) \times 100\% = \left(1 - \frac{\pi}{6} \right) \times 100\% = 47.6\% \approx 48\% \quad (2.15)$$

如果该立方体中放的是直径为 $D/2$ 的圆球，如图 2.3(b)所示，则可放 8 个，此时其空隙率为

$$v=\left(1-\frac{8\times\frac{\pi}{6}\left(\frac{D}{2}\right)^3}{D^3}\right)\times100\%=\left(1-\frac{\pi}{6}\right)\times100\%\approx48\%\qquad(2.16)$$

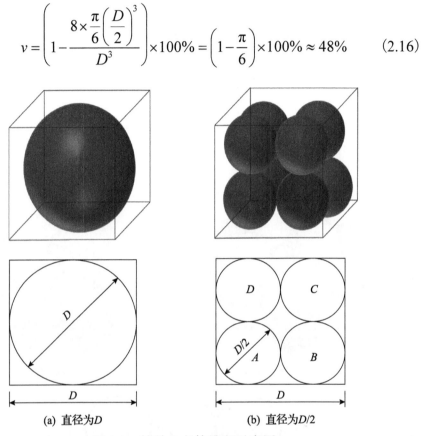

(a) 直径为D　　　　　　　　(b) 直径为D/2

图 2.3　简单立方体堆积示意图

如果该立方体中放进直径为 $D/4$ 的圆球，还是这样整齐地排列堆积，可放 64 个，直径为 $D/8$ 的圆球可放 512 个，以此类推，只要它们排列堆积的方式不变，即各层球心构成正方形，层与层间相邻 8 个球心构成正立方体，则空隙率总是 $\left(1-\frac{\pi}{6}\right)\times100\%\approx48\%$。

2) 棱柱体或棱锥体空间堆积——颗粒排列堆积的最紧密状况

球体第一层按简单立方体排列，各球心间构成正方形，如图 2.4 的实球所示，但上面一层与其交错排列，各球心间仍构成正方形。此时上下两层相邻球心构成等边三角形，第三层又如第一层、第四层又如第二

层，其余类推。

如果把上、下 8 个球心连接，则底面为正方形 $ABCD$，其边长为 D，底面积为 $S=D^2$（D 为各球的直径），高度 H 的下面落在下层对角两球心中间，即 AC 连线的一半 $\dfrac{\sqrt{2}D}{2}$ 处，其上面则在上层球心 O 处，AO 为上下层两球心连线，其值为 D，所以高度 H 为

$$H = \sqrt{D^2 - \left(\frac{\sqrt{2}}{2}\right)^2 \times D^2} = \frac{\sqrt{2}}{2}D \tag{2.17}$$

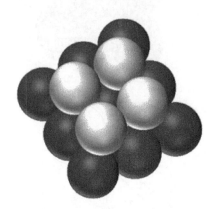
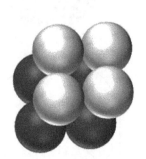

(a) 三维立体图1　　　　　　(b) 三维立体图2

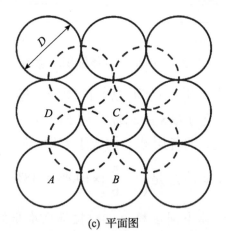

(c) 平面图

图 2.4　棱柱体空间堆积示意图

8 个球心组成的棱柱体的体积 V 为

$$V = D^2 \times \frac{\sqrt{2}}{2} \times D = \frac{\sqrt{2}}{2} D^3 \qquad (2.18)$$

该棱柱体内的 8 个球片正好组成一个球的体积，故空隙率为

$$v = \left(1 - \frac{\frac{\pi}{6} D^3}{\frac{\sqrt{2}}{2} D^3}\right) \times 100\% = \left(1 - \frac{\pi}{6} \times \sqrt{2}\right) \times 100\% \approx 26\% \qquad (2.19)$$

图 2.5 为棱锥体空间堆积示意图，平面上各球互相交错成 60°，如实球所示，立体上也同样相互交错，如虚球所示。此时如果把上下两层 8 个球球心相连，则其底面为一平行四边形 $ABCD$，其边长为 D，$\angle DBA = 60°$，所以平行四边形高 $h = D\sin 60° = \frac{\sqrt{3}}{2} D$，底面积 $S = D \cdot \frac{\sqrt{3}}{2} D = \frac{\sqrt{3}}{2} D^2$，而棱锥体高 H 的下面是在 $\triangle ABD$ 的中心，距 A 长为 $\frac{\overline{AB}}{2\cos 30°} = \frac{D}{\sqrt{3}}$，$H$ 的上面在上层球心 O 处，则 AO 是上下层球心连线，其值为 D，所以棱锥体高为

$$H = \sqrt{D^2 - \left(\frac{D}{\sqrt{3}}\right)^2} = \sqrt{\frac{2}{3}} D \qquad (2.20)$$

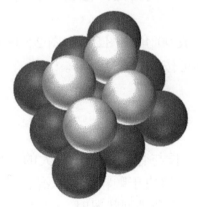 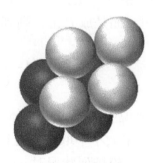

(a) 三维立体图1　　　　　　　　　(b) 三维立体图2

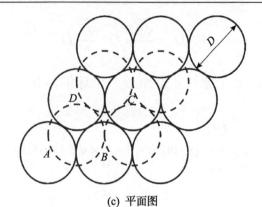

(c) 平面图

图 2.5　棱锥体空间堆积示意图

8 个球心连成的棱柱体体积为

$$V = S \cdot H = D^2 \times \frac{\sqrt{3}}{2} \times \sqrt{\frac{2}{3}} \times D = \frac{\sqrt{2}}{2} D^3 \tag{2.21}$$

该棱柱体内的 8 个球片也正好组成一个球体，故空隙率为

$$v = \left(1 - \frac{\frac{\pi}{6} D^3}{\frac{\sqrt{2}}{2} D^3} \right) \times 100\% = \left(1 - \frac{\pi}{6} \times \sqrt{2} \right) \times 100\% \approx 26\% \tag{2.22}$$

从两种情况得出同一结果，证明两者本质上是相同的。图 2.4 如果从立体图角点的对角线观察，就是图 2.5 的情况，这是均匀体颗粒排列堆积的最紧密状况。

如果情况不是如图 2.3 球心间构成 90°角或图 2.4 和图 2.5 球心间构成 60°角，而是成 θ 角，则其空隙率可按式(2.23)计算。

$$v = 1 - \frac{\pi}{6(1 - \cos\theta)\sqrt{1 + 2\cos\theta}} \tag{2.23}$$

以上说明在假设立方体的容器边长与骨料直径比极大的理想状况下，空隙率大小不取决于粒径大小，而取决于颗粒排列状况，即取决于交角 θ，最松排列状况时 $v \approx 48\%$，最紧密排列状况时 $v \approx 26\%$。

3) 平面紧密排列

如果球体只有一层而不是空间堆积，最松状况仍如图 2.3 所示，$v \approx$ 48%，而最紧密状况则如图 2.5 所示的最下面一层，由于只有一层，所以包容一个球的体积是相邻四个球球心连成的平行四边形、高为 D 的棱柱体的体积，即

$$V = D \times D \times D \times \sin 60° = \frac{\sqrt{3}}{2} D^3 \tag{2.24}$$

空隙率为

$$v = \left(1 - \frac{\frac{\pi}{6} D^3}{\frac{\sqrt{3}}{2} D^3} \right) \times 100\% \approx (1 - 0.604) \times 100\% \approx 40\% \tag{2.25}$$

这种状况与主骨料等于层厚而又紧密排列时相当。

当为两层紧密排列时，如图 2.5 所示，上层下半部与下层上半部的紧密程度同棱锥体堆积，$v \approx 26\%$，而上层上半部与下层下半部相当于一层平面的紧密排列，$v \approx 40\%$，故其平均空隙率为 33%。

4) 嵌挤后状况

如果在最松排列状况即如图 2.3(b) 所示的 8 个球中嵌入一个小球，该球面与 8 个球相切，该小球球心应当在 8 个球空隙的中心，即图 2.3(b) 中 $ABCD$ 面上的 $D/2$ 处。图中 $\overline{AB} = \overline{BC} = D$，$\overline{AC} = \sqrt{2} D$，$\frac{\overline{AC}}{2} = \frac{\sqrt{2} D}{2}$。而 A 球球心与小球球心相连，其长度为 $R+r$（R 为大球半径，r 为小球半径），则

$$D + d = 2(R + r) = 2\sqrt{\left(\frac{\overline{AC}}{2} \right)^2 + \left(\frac{D}{2} \right)^2} = 2\sqrt{\left(\frac{\sqrt{2}}{2} D \right)^2 + \left(\frac{D}{2} \right)^2} \tag{2.26}$$

$$= \sqrt{3} D = 1.732 D$$

所以嵌入小球的直径 $d = 0.732D$，如果小球直径大于此值，就会把

大球隔开。

如果把 8 个大球球心连成正立方体，则除包容 8 个大球的球片组成一个大球体积外，还容有一个 $d=0.732D$ 的小球，所以此时空隙率为

$$v=\left[1-\frac{\dfrac{\pi}{6}D^3+\dfrac{\pi}{6}(0.732D)^3}{D^3}\right]\times100\%\approx(1-0.73)\times100\%\approx27\% \quad (2.27)$$

如果在立方体最紧密排列中的图 2.4 中嵌入一个小球，则该球必与 6 个球相切，小球球心必在 6 个大球空隙中心，小球直径 $d=0.414D$。此时，如果 8 个大球球心相连，除包容 8 个球片组成一个大球体积外，还有 2 个半个小球组成的相当于 1 个小球的体积，所以此时空隙率为

$$v=\left[1-\frac{\dfrac{\pi}{6}D^3+\dfrac{\pi}{6}(0.414D)^3}{\dfrac{\sqrt{2}}{2}D^3}\right]\times100\%\approx(1-0.79)\times100\%\approx21\% \quad (2.28)$$

如果在立方体最紧密排列中的图 2.5 中嵌入一个小球，则该球必与 4 个球相切，小球球心必在 4 个大球空隙中心，小球直径 $d=0.155D$。此时，如果 8 个大球球心相连，除包容 8 个球片组成一个大球体积外，还有 2 个小球和 4 个半个小球组成的相当于 4 个小球的体积，所以此时空隙率为

$$v=\left[1-\frac{\dfrac{\pi}{6}D^3+4\times\dfrac{\pi}{6}(0.155D)^3}{\dfrac{\sqrt{2}}{2}D^3}\right]\times100\%\approx(1-0.75)\times100\%\approx25\% \quad (2.29)$$

以上证明最松排列状况可以嵌入的小球最大直径为 $0.732D$,嵌入后空隙率从 48%降为 27%，最紧密排列状况可以嵌入的小球最大直径为 $0.414D$，嵌入后空隙率从 26%降为 21%。如果小球直径增大，会使大球被挤开，增大空隙率。当然，实际情况如沥青贯入、沥青表处等，其主骨料的排列既不会处于最松状况也难以达到最紧密状况，因此沥青贯

入、沥青表处等的嵌缝料粒径一般要为主骨料粒径的一半，层层嵌缝，层层的粒径都减少 1/2，其理论依据便在于此。

如果不用最大的次级球填充，而以许多直径小得多的小球填充，即使这些小球在大球的空隙中处于最松状况排列，其空隙率也会更小一些。例如，大球在最松状况下的空隙率为 48%，填充的细小球体空隙率也为 48%，则总的空隙率 $v=0.48^2 \approx 0.23 \approx 23\%$，比只填充一个 $0.732D$ 的小球达到的空隙率 27% 要小，如果大球在最紧密排列下填充细小球体，空隙率 $v=0.26 \times 0.48 \approx 0.125 \approx 12.5\%$，也低于只填充一个 $0.414D$ 小球的空隙率的情况 (21%)。证明用更细的小球而不用最大的次级球能得到更紧密的结果，当然原来大球的紧密程度对填充细小球体后的空隙率仍是决定因素。中国初期的低等级道路中灰土结碎石、碎石灌砂等的理论基础便在于此。

2. 级配原则——干涉理论

嵌挤原则对于面层并不完全合适，因为面层在行车直接作用下会经受多种外力作用，所以希望材料不仅内摩擦角大而且应具有一定的黏聚力，不仅抗压强度大而且应具有相当的弯拉强度，因此沥青混合料应当采用最佳级配组成，这对于以粒料混合料为基层的材料同样适用。

最佳级配组成的理论基础是 Weymouth 提出的粒子干涉理论，该理论认为颗粒间的空隙应由次一级颗粒所填充，其剩余空隙又由再次一级颗粒所填充，但填隙的颗粒不得大于其间隙的距离，否则大小颗粒之间势必发生干涉现象。这种既有填充又有干涉（挤开）而不过分干涉的大小粒子间一定数量分配的干涉理论为级配原则打下了基础。

国内外学者对各级粒子数量具体分配的级配原则进行了大量研究，提出了许多经验表格和计算方法，主要有连续级配、间断级配、折断级配三类，连续级配是基础，间断级配和折断级配是结合填充理论发展而成的。

1) 连续级配

组成混合料的级配曲线平顺圆滑，相邻粒径间有一定的质量比例，这种级配不易离析，对连续级配的计算方法如 2.1 节给出的最大密度曲线理论。

林绣贤先生早期提出直接以通过百分率的递减系数 i 为参数的计算公式如下：

$$P_x = P_0 \cdot i^{x-1} \tag{2.30}$$

式中，P_x 为第 x 级筛孔上的通过百分率，%；P_0 为筛孔尺寸为最大粒径 D 时的通过百分率，以 100%控制；x 为级数，最大粒径为 D 时，$x=1$，直径按 1/2 递减，则 $D/2$ 时 $x=2$，$D/4$ 时 $x=3$，其余类推，在求解时，一般应用式 $x-1 = 3.3219\lg\dfrac{D}{d_x}$；$i$ 为通过百分率的递减系数，$i = \left(\dfrac{1}{2}\right)^n$。

由实践经验可知，i 的取值在 0.65～0.75 时可以得到密实度高并具有一定路用性能水平的沥青混合料。由 i 法各档集料通过百分率公式可知，其数学含义为幂值介于 0.65～0.75 的变指数函数，函数指数随集料粒径的变化而变化。i 取低值时，集料通过百分率 P_x 偏小，则矿料级配偏粗；反之，矿料级配偏细。n 与 i 的关系见表 2.3。

表 2.3　n 与 i 的关系

n	0.5	0.45	0.4	0.35	0.3
i	0.707	0.732	0.758	0.785	0.812

实践证明，$i=0.7～0.8$ 是合理的范围；$i>0.8$ 时，细料太多，虽成型容易，但不够稳定；$i<0.7$ 时，细料太少，容易透水；$i=0.75$ 时是最佳组成，这与 n 法认为 $n=0.3～0.5$ 为合理范围以及日本认为 $n=0.35～0.45$ 与实际最为接近的结论都是一致的。

但 n 法与 i 法都存在一个缺点，它是无穷级数，没有最小粒径的控制，因而用于粒料级配的面层和基层尚可。若用于沥青混合料组成，往往造成矿粉含量过高，使路面高温稳定性不足。苏联学者提出的矿料分级质量递减系数 k 的方法正好克服了这个缺点。

初看起来，k 法与 i 法类似，实际却有不同。k 法控制了最小粒径，因而不会造成矿粉太多的问题，而 i 法和 n 法都难以解决。以 $D=20\text{mm}$ 为例分别利用 k 法和 i 法计算集料通过百分率，见表 2.4。由表可知，当 $k<0.7$ 时两种方法差别不大，当 $k>0.7$ 时即显出其差异。

表 2.4　k 法和 i 法通过百分率比较　　（单位：%）

方法	筛孔尺寸/mm								
	20	10	5	2.5	1.2	0.6	0.3	0.15	0.075
k=0.65	100	64.8	41.9	27.1	17.4	10.8	6.8	4.3	2.6
i=0.65	100	65.0	42.3	27.5	17.4	11.3	7.4	4.8	3.1
k=0.7	100	69.6	48.3	33.4	23.0	15.3	10.3	6.8	4.4
i=0.7	100	70.0	49.0	34.3	23.5	16.5	11.5	8.1	5.6
k=0.75	100	74.2	54.8	40.3	29.4	20.9	14.9	10.3	7.0
i=0.75	100	75.0	56.3	42.2	31.1	23.3	17.5	13.1	9.8
k=0.8	100	78.5	61.4	47.7	36.7	27.4	20.5	14.9	10.5
i=0.8	100	80.0	64.0	51.2	40.4	32.3	25.9	20.7	16.6

2）间断级配

在连续级配中剔除其中一个或几个分级形成的一种不连续级配即为间断级配。

间断级配是综合干涉理论与填充理论而成，细料部分仍按连续级配的原则以保持其黏聚力。从填充理论得知，如粗骨料的空隙以更小的粒径而不用次级骨料填充会得到更大的密实度，因而如果把粗骨料与细骨料间予以间断，粗骨料可以靠拢而不受干涉，可提高它的内摩擦角，所以间断级配在理论上兼有嵌挤原则与级配原则的优点，是摩擦力、黏聚力、密实度都最好的混合料。

要使主骨料不受干涉，则主骨料应达到互相靠拢，从填充理论可知，达到最松排列时其空隙率为 48%，如果主骨料密度以 2.65～2.7t/m³ 计，混合料（不包括掺加料）最大密度以 2.2t/m³ 计，则主骨料质量分数为 $(1-0.48) \times \dfrac{2.65 \sim 2.7}{2.2} \approx 0.626 \sim 0.638 \approx 62\% \sim 64\%$。此主骨料可以是 $D \sim D/2$ 的材料，也可以是 $D \sim D/3$ 的材料，然后间断一级或一级半，其余材料仍按密级配组成，一般按 k=0.75 计算。这样就会使连续密级配的细骨料填充于互相靠拢的主骨料空隙中，例如，某材料 D=40mm，$D \sim D/2$ 的材料按 63% 计，间断两级，$D/8$ 以下细骨料按 k=0.75 计，结果见表 2.5。

表 2.5 间断级配组成计算实例

d_i/mm	40	20	10	5	2.5	1.2	0.6	0.3	0.15	0.075
P_i/%	100	37	37	37	27.2	19.6	14.2	10.1	7.1	4.8

3）折断级配

间断级配虽有其优点，但由于组成间断后，拌和不易均匀，运输摊铺过程常有粗细分离现象，为此，林绣贤先生提出折断级配。折断级配综合了连续级配与间断级配的优点，其主骨料控制至两级，原则上也使其达到靠拢的程度，细骨料按连续级配，一般按 k=0.75 计算，粗细骨料之间不间断，因而级配曲线呈折断型。其计算原理用变 k 法，即 2 级以后的细骨料 k=0.75 不变，而前两级细骨料 k=0.75−0.1=0.65，范围值用 0.65±0.05 即可达到目的。

以 D=20mm 中粒式混合料为例，计算折断级配组成，如前两级 k=0.65，其余各级 k=0.75，结果见表 2.6。

表 2.6 折断级配组成计算实例

		d_i/mm	20	10	5	2.5	1.2	0.6	0.3	0.15	0.075
前两级	m=12.28 k=0.65	i	0	1	2	—	—	—	—	—	—
		P_i/%	100	64.8	42	—	—	—	—	—	—
其余各级	m=10.28 k=0.75	i	—	—	0	1	2.06	3.06	4.06	5.05	6.05
		P_i/%	—	—	42	30.9	22.2	16.1	11.5	8	5.5

2.4.2 嵌挤原则检验

碎石封层、早期低等级道路中的沥青贯入、沥青表处以及过去的水结碎石都是采用层层嵌挤的原则，这些都属于以次一级骨料嵌挤前一级骨料的嵌挤理论范畴；泥结碎石、泥灰结碎石以及碎石灌砂等属于以更细的材料填充主骨料的原则[9]。本节分别以沥青贯入和泥灰结碎石为例，计算其材料用量。

1）沥青贯入材料用量计算

沥青贯入式路面，主骨料是指 D～D/2 材料，次一级嵌缝料粒径要减为一半,据此可按嵌挤原则的分析结果计算其主骨料与各层嵌缝料的用量。

(1) 主骨料的最大粒径一般接近于层厚,故属于单层紧密排列,空隙率 v=40%,而松方材料属最松排列,v=48%,主骨料碾压后最大粒径一般约为层厚的 90%,故每 100m² 面积每厘米厚的主骨料松方用量为

$$\frac{1-0.4}{1-0.48} \times 0.9 \approx 1.04 \mathrm{m^3/(100m^2 \cdot cm)} \tag{2.31}$$

(2) 在无限制条件下,主骨料紧密堆积并经一次嵌缝后,空隙率 v=21%,但现在单层开口嵌缝,只能使 $0.9h$ 层厚的上半部空隙率达到 21%,下半部空隙率基本仍保持 40%,上面 $0.1h$ 因受嵌缝限制,只能各自找到空隙填充,其空隙率为 48%,据此,第一次嵌缝后,平均空隙率为

$$v = 0.45 \times (0.21 + 0.4) + 0.1 \times 0.48 \approx 0.323 \approx 32.3\% \tag{2.32}$$

所以第一次嵌缝料的松方用量约为

$$\frac{1-0.323}{1-0.48} - 1.04 \approx 1.3 - 1.04 \approx 0.26 \mathrm{m^3/(100m^2 \cdot cm)} \tag{2.33}$$

(3) 第二次嵌缝后,$0.9h$ 层厚的下半部空隙率为 40%,上半部空隙率又有所降低,v=0.21×0.48≈10%,$0.1h$ 部分属最松排列,经一次嵌缝后空隙率为 27%,据此,第二次嵌缝后,平均空隙率为

$$v = 0.45 \times (0.1 + 0.4) + 0.1 \times 0.27 = 0.252 = 25.2\% \tag{2.34}$$

所以第二次嵌缝料的松方用量为

$$\frac{1-0.252}{1-0.48} - 1.3 \approx 1.438 - 1.3 \approx 0.138 \mathrm{m^3/(100m^2 \cdot cm)} \tag{2.35}$$

(4) 经两次嵌缝后,路面结构已经密实,封层料的目的一是把第二次嵌缝后表面的剩余空隙填满,二是要形成平整的封层,以防止渗水。因此,其用量应与封层料平均粒径的厚度相当,如果封层料粒径为 3～

5mm，则用量为 0.4m³/100m²，如果封层料粒径为 3～8mm，则用量为 0.55m³/100m²，其余类推。

（5）根据以上计算方法，且考虑主骨料另加 5%，嵌缝料另加 10% 的误差，并以层厚 4cm 和 6cm 为例，把结果与《公路沥青路面施工技术规范》（JTG F40—2004）沥青贯入式路面材料用量进行比较，见表 2.7。表中数值基本在规范给定的范围内，虽然计算过程有一定的假设，不一定完全符合实际，但证明沥青贯入、沥青表处、水结碎石等结构的材料用量可以用嵌挤原则的填充理论进行计算。

表 2.7　沥青贯入路面集料用量比较

层厚 /cm	方法	主骨料		第一次 嵌缝料		第二次 嵌缝料		封层料		总量 /(m³/ 1000m²)	用量 /[m³/ (1000m²·cm)]
		规格 /mm	用量 /(m³/ 1000m²)	规格 /mm	用量 /(m³/ 1000m²)	规格 /mm	用量 /(m³/ 1000m²)	规格 /mm	用量 /(m³/ 1000m²)		
4	规范 方法	20～ 40	45～50	10～ 20	12～14	5～ 10	6～ 7	3～ 5	3～ 5	66～76	16.5～19
	本节 方法	20～ 40	43.7	10～ 20	11.4	5～ 10	6.1	3～5	4	65.2	16.3
6	规范 方法	30～ 60	66～76	15～ 30	16～18	5～ 15	10～12	3～ 10	4～ 6	96～112	16～18.7
	本节 方法	30～ 60	65.5	15～ 30	17.2	5～ 15	9.1	3～ 10	5.5	97.3	16.2

2）泥结碎（砾）石、泥灰结碎（砾）石等结构的材料用量计算

此类路面主骨料最大粒径一般控制在小于 40mm，且不得超过层厚的一半，故主骨料碾压密实后可达到填充理论分析的两层紧密排列的程度，其空隙率为 33%，因此如果主骨料的颗粒密度以 2650kg/m³ 计，则单位体积中主骨料质量为 0.67×2650≈1776kg/m³。空隙部分以泥浆、泥灰浆等灌满，灌入的材料一般最终只达到最松排列状况，若其颗粒密度以 2670kg/m³ 计，则单位体积中灌入材料质量为 0.33×(1−0.48)×2670≈458kg/m³，则该结构的压实密度为 2234kg/m³，因此灌入材料的质量分数为 458/2234×100%≈20.5%。如果用量太少，则空隙灌不满，如果用

量太多，则会阻碍主骨料的紧密排列。灌入材料质量分数与实践经验相当接近。

3）灰土、水泥土类材料结碎（砾）石的材料用量计算

此类结构中的碎（砾）石最大粒径也控制在小于 40mm，且不超过层厚的一半。主骨料与灰土类材料拌和后共同碾压成型，可能有两种情况：

一是主骨料达到紧密排列，如上例两层紧密排列时空隙率为 33%。并全为灰土类所填充，如果碾压后灰土密度为 1600kg/m³，则单位体积中灰土质量为 $0.33 \times 1600 = 528$kg/m³，该结构压实密度为 $1776 + 528 = 2304$kg/m³，灰土质量分数为 $528/2304 \times 100\% \approx 23\%$。这是灰土用量的最低值，否则空隙就填不满。

二是骨料与灰土各自发挥优势，主骨料达到靠拢而不紧密的最松排列状态，空隙由压实的灰土填满。这样骨料的空隙率为 48%，如果其颗粒密度仍以 2650kg/m³ 计，则单位体积中骨料质量为 $0.52 \times 2650 = 1378$kg/m³，灰土碾压后密度仍以 1600kg/m³ 计，则单位体积中灰土质量为 $0.48 \times 1600 = 768$kg/m³，该结构压实密度为 2146kg/m³，灰土质量分数为 $768/2146 \times 100\% \approx 35.8\%$。这是灰土类材料可以填充的最高量，超过此量，骨料将被逐渐挤开，内摩擦角降低，数量继续增加，最终使骨料成为悬浮于灰土类材料中的颗粒，成为碎石掺入式灰土的结构，其性质更接近于灰土类，骨料的作用已退居第二位。

由此可见，对于灰土类结碎石，灰土类质量分数应控制在 23%～36%为宜，根据实践经验，第二种配比可达最佳状态。

以上仅为示例，实用时可根据骨料的颗粒密度、灌入材料的颗粒密度、灰土类材料的压实密度，按以上原则进行计算，不可照套质量分数，若是石灰粉煤灰或水泥粉煤灰结碎石，由于粉煤灰的颗粒密度小，压实后的结构密度也较小，虽然体积比相同，但是质量分数不同，若水泥粉煤灰压实后密度为 1350kg/m³，则按上例计算，水泥粉煤灰占总结构的质量分数只能是 20%～32%。

按体积分数计算组成用量，可适用于不同的材料，并可与试验相结合，避免按质量分数控制可能出现的片面性，嵌挤原则已被国内外的实践所证实。

2.5　贝　雷　法

　　马歇尔等传统的沥青混合料级配设计方法通常是依据已有的经验,通过试配—修正—试配的过程来确定矿料级配,使设计的矿质混合料形成适宜的空隙结构,包括矿料间隙率(voids in mineral aggregate,VMA),空隙率(volume of air voids,VV)、沥青饱和度(voids filled with asphalt,VFA)以及捣实状态下粗集料松装间隙率 VCA$_{DRC}$等。采用这种方法很难设计出理想的粗集料嵌挤结构,且不能适用于各种沥青混合料。Superpave 沥青混合料体积设计法在原材料(包括沥青胶结料和集料)性能规范、混合料压实方法等方面虽然做出了诸多改进与完善,但其在集料级配设计方面仍主要依赖经验和对当地材料的了解。对设计者来说,用来评价级配的方法只有 0.45 次方的级配曲线,设计者仅能依靠经验来获知级配是如何改变混合料性质的,设计中需要经过大量反复的试配才能最终确定出合适的混合料组成,使混合料设计中存在盲区。

　　美国的 Bailey 于 20 世纪 80 年代初发明了一套确定沥青混合料级配的设计方法,该方法简称为贝雷法。贝雷法是一种系统的级配组成设计方法,其主要思想是以形成的集料骨架作为混合料的承重主体,使设计的混合料能提供较高的抗车辙性能,同时通过调整粗细集料的比例,获得合适的矿料间隙率,以保证设计的混合料具有较好的耐久性。贝雷法同时也是一种级配组成分析检验法,其提出了用于评价集料级配的一系列参数,这些参数直接与矿料间隙率、空隙率及压实性能相关,有助于更好地理解矿料级配与混合料空隙体积的关系,为评价合成级配提供了一种方法。贝雷法现已应用于各种粒径的密级配沥青混合料及沥青玛蹄脂碎石(stone matrix asphalt,SMA)混合料设计,而且适用于任何一种混合料设计方法,包括马歇尔设计法、Superpave 设计法、维姆设计法等。贝雷法为混合料的级配组成设计提供了一个良好的起点,使得设计者可以根据设计目标对整个设计过程进行准确的掌控,也为实际应用中对混合料现场性能做相应调整提供了有力支持。

2.5.1　基本概念

　　贝雷法主要是基于以下两个基本概念来阐明集料级配与沥青混合

料体积特性之间关系的。

1. 集料的嵌挤与填充特性

空隙率是混合料设计中的重要指标，不同的集料嵌挤与填充情况会形成不同的空隙，它主要依赖于以下因素[10]。

(1)压实功的类型和大小。可采用的压实类型包括静压、击实(如马歇尔击实仪)或剪切(如旋转压实仪或加利福尼亚揉搓压实机)。较大的密实度可通过提高压实功获得，如较大的静力、更多的击实次数或旋转压实次数。

(2)颗粒形状。不规则的扁长颗粒难以压实至密实结构，而规则的块状颗粒易于压实至密实结构。

(3)颗粒表面纹理。具有光滑纹理的颗粒易于重新变位至更密实的结构，而具有粗糙纹理的颗粒由于相互间的抗滑作用而形成较低密实度的结构。

(4)颗粒尺寸的分布(级配)。单一尺寸的颗粒不能填充至密实状态，而有多个尺寸粒径的颗粒混合后可形成密实结构。

贝雷法中按集料的嵌挤与填充情况，将密级配沥青混合料分为粗级配和细级配两种类型。粗级配是指粗集料能形成骨架结构的密级配混合料；而细级配是指粗集料不足以形成骨架，主要依靠细集料来承担荷载等外在作用的密级配混合料。

2. 粗、细集料的定义

贝雷法的独特性在于粗、细集料的划分方法。在贝雷法中，粗、细集料的定义不同于传统的以 4.75mm 筛孔为界的划分方法，其对粗、细集料的定义如下[11,12]。

(1)粗集料：置于单位体积中能产生空隙的大集料颗粒。

(2)细集料：能填充由粗集料产生的空隙的集料颗粒。

从上面的定义可以看出，粗、细集料的分界点是随公称最大粒径的变化而变化的。贝雷法中粗、细集料的分界筛孔称为第一控制筛孔(primary control sieve，PCS)，可按照式(2.36)确定。

$$r_{\text{PCS}} = r_{\text{NMPS}} \times 0.22 \tag{2.36}$$

式中，r_{PCS} 为第一控制筛孔尺寸，mm；r_{NMPS} 为公称最大粒径，mm；0.22 为经验值。

贝雷法的数学基础是平面圆模型，考虑了不同集料形状组合和组合后的空隙。粗颗粒间空隙尺寸的大小取决于颗粒形状和尺寸，如图 2.6～图 2.9 所示。

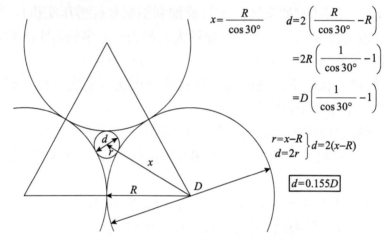

$$x = \frac{R}{\cos 30°}$$

$$d = 2\left(\frac{R}{\cos 30°} - R\right)$$

$$= 2R\left(\frac{1}{\cos 30°} - 1\right)$$

$$= D\left(\frac{1}{\cos 30°} - 1\right)$$

$$\left.\begin{array}{l} r = x - R \\ d = 2r \end{array}\right\} d = 2(x - R)$$

$$\boxed{d = 0.155D}$$

图 2.6　颗粒全为圆形时的计算简图

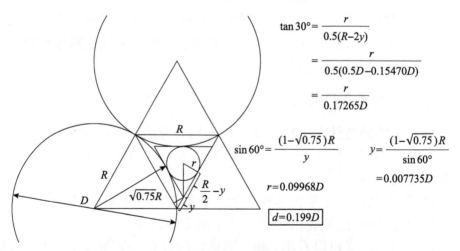

$$\tan 30° = \frac{r}{0.5(R - 2y)}$$

$$= \frac{r}{0.5(0.5D - 0.15470D)}$$

$$= \frac{r}{0.17265D}$$

$$\sin 60° = \frac{(1 - \sqrt{0.75})R}{y}$$

$$y = \frac{(1 - \sqrt{0.75})R}{\sin 60°}$$

$$= 0.007735D$$

$$r = 0.09968D$$

$$\boxed{d = 0.199D}$$

图 2.7　颗粒为两个圆面和一个平面时的计算简图

当颗粒全为圆形时，如图 2.6 所示，空隙尺寸为颗粒公称最大粒径（直径 D）的 15.5%，即 0.155D；当组成颗粒中有两个圆面和一个平面时，

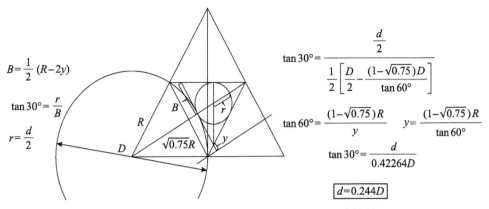

图 2.8　颗粒为两个平面和一个圆面时的计算简图

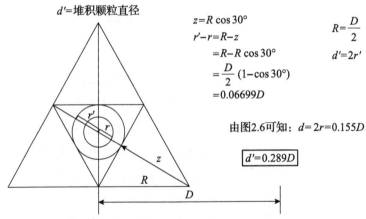

图 2.9　颗粒全为三个平面时的计算简图

如图 2.7 所示，空隙尺寸为颗粒公称最大粒径（直径 D）的 19.9%，即 0.199D；当组成颗粒中有一个圆面和两个平面时，如图 2.8 所示，空隙尺寸为颗粒公称最大粒径（直径 D）的 24.4%，即 0.244D；当颗粒全为平面时，如图 2.9 所示，空隙尺寸为颗粒公称最大粒径（直径 D）的 28.9%，即 0.289D。

　　系数 0.22 是这 4 种情形的平均值，虽然 0.22 不能完全准确地反映所有沥青混合料的情况，但分析表明比例因子在 0.18～0.28 范围内对级配影响不大，因此在求 r_{PCS} 时可选择与 0.22r_{NMPS} 最接近的筛孔。

　　以上采用的是平面几何分析方法，如果采用三维立体分析，由 2.4.1 节可以看出，次一级颗粒粒径分布在 0.155D～0.732D，但由于集料的复杂性，贝雷法认为采用 0.22D 可以获得稳定的级配结构。

为了计算和应用方便，可采用 0.25D，即与公称最大粒径间隔两级筛孔 $\left(\left(\dfrac{1}{2}\right)^2\right)$ 作为粗、细集料的主控筛孔。通过这种转化，建立 i 法和贝雷法之间的关系，可以非常灵活地应用我国 i 法的级配设计方法，为级配的分析创造了良好条件。

2.5.2　贝雷法中集料密度概念

贝雷法中定义了几个集料密度概念，包括粗集料松装密度(loose unit weight of coarse aggregate)、粗集料干捣密度(rodded unit weight of coarse aggregate)、粗集料设计密度(chosen unit weight of coarse aggregate)、细集料干捣密度(rodded unit weight of fine aggregate)。

1. 粗集料松装密度

粗集料松装密度是指在不施加任何压实功的情况下，粗集料单位堆积体积的质量。该参数反映的是在没有任何外力作用时粗集料初始的嵌挤状况，如图 2.10 所示。由集料的毛体积相对密度和松装密度可计算出松装骨架空隙体积。松装密度的测试方法为：取有代表性的风干试样装

图 2.10　粗集料松装密度

入适合的容量筒内，直到集料流出筒口，用直径为 15mm 的金属捣棒抹平试样顶面，注意不要压实集料，称重，计算松装密度，试验至少进行 3 次，取平均值。采用的容量筒直径应大于 10 倍公称最大粒径，以减小筒边缘对颗粒填充的影响。容量筒的体积也会影响集料的填充特性，其容积一般为 0.007～0.009m³，通常适用于公称最大粒径不大于 25mm 的粗集料。

2. 粗集料干捣密度

粗集料干捣密度是指在施加压实功的情况下，粗集料单位体积的质量。由于外力的作用，集料颗粒之间的相互接触更加紧密，骨架空隙相应减小，如图 2.11 所示。由集料的毛体积密度和干捣密度可以计算出

粗集料在干捣状态下的空隙体积。干捣密度测试方法为：集料分 3 层装入容量筒，每层用捣棒均匀捣实 25 次，第 3 层捣实后，集料与容器口齐平，用合适的集料填充表面空隙，称重，计算干捣密度。试验至少进行 3 次，取平均值。

图 2.11　粗集料干捣密度

3. 粗集料设计密度

为了得到期望的集料骨架结构，设计者应选取粗集料的设计密度，从而确定粗集料的用量，确定粗集料设计密度时，必须考虑混合料的级配类型。理论上，松装密度是粗集料形成骨架结构的下限，是粗级配混合料与细级配混合料的分界点；而干捣密度通常被看成密级配沥青混合料中粗集料形成骨架嵌挤结构的上限，其值约为松装密度的 110%，彼此之间的关系如图 2.12 所示。当设计密度小于松装密度时，粗集料颗粒不能产生均匀接触，这种混合料的性能主要取决于细集料的特性；当设计密度接近干捣密度时，达到密实的压实功也相应提高，施工可能存在一定的困难。

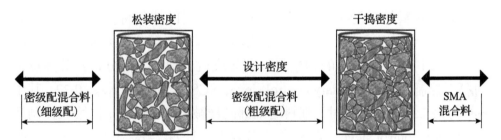

图 2.12　粗集料设计密度的取值示意图

粗集料设计密度按松装密度的百分率计。对于粗级配混合料，粗集料设计密度一般取松装密度的 95%～105%，对易碎的集料可取接近 105%，但应避免大于 105%，以减小集料的破碎和现场压实的难度。对于细级配混合料，设计密度应小于松装密度的 90%。应注意的是，对密级配混合料，粗集料设计密度一般不采用松装密度的 90%～95%，因为该范围的混合料粗集料骨架结构不稳定，现场的变异性较大。

4. 细集料干捣密度

对于密级配沥青混合料，粗集料设计密度产生的空隙要用等体积的细集料来填充。细集料采用干捣密度计算，以确保细集料结构达到或接近最大密实状态。密度测定时采用直径 100mm、体积约为 0.9L 的金属容器来测定，如图 2.13 所示，具体的测定方法参照 AASHTO T-19 中的相关规定。应注意的是，干捣密度不适用于粉质集料。

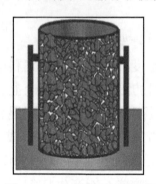

图 2.13　细集料干捣密度

2.5.3　合成级配分析

矿质集料的级配组成确定以后，需对集料的体积特性进行分析。分析时先将合成级配分成三个部分：粗集料部分，即公称最大粒径与 r_{PCS} 之间的集料；合成集料的细集料又被分成粗、细两个部分，其分界点称为第二控制筛孔(secondary control sieve，SCS)，且 $r_{SCS}=r_{PCS}\times0.22$，其中 r_{SCS} 为第二控制筛孔尺寸。细料的细部同样被再细分一次，以第三控制筛孔(tertiary control sieve，TCS)作为分界点，且 $r_{TCS}=r_{SCS}\times0.22$，$r_{TCS}$ 为第三控制筛孔尺寸。合成集料的划分如图 2.14 所示。对合成级配用以下三个参数进行分析：CA 比(coarse aggregate ratio)；FA_c 比(fine aggregate coarse ratio)；FA_f 比(fine aggregate fine ratio)。这些参数发生变化，将引起沥青混合料的体积特性、施工特性以及路用性能的变化。

1. CA 比

CA 比为粗集料比，该参数用于评价矿料中粗集料部分的嵌挤填充情况。计算公式为

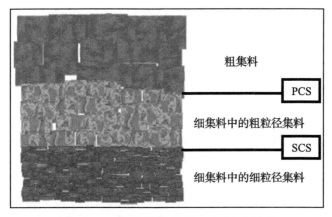

图 2.14　矿质混合料的三个组成部分

$$CA = \frac{P_{\frac{r_{NMPS}}{2}} - P_{PCS}}{100\% - P_{\frac{r_{NMPS}}{2}}} \tag{2.37}$$

式中，$P_{\frac{r_{NMPS}}{2}}$ 为粒径是公称最大粒径一半所对应筛孔的通过百分率，%；P_{PCS} 为第一控制筛孔的通过百分率，%。

CA 比对沥青混合料的体积特性有重要影响，它反映了粗集料中大粒径颗粒与 $r_{NMPS}/2 \sim r_{PCS}$ 粒径颗粒之间的均衡关系，这种均衡关系将影响混合料的压实特性和路用性能。CA 比增大，混合料的空隙率和矿料间隙率将相应增大，因为粗集料中 $r_{NMPS}/2 \sim r_{PCS}$ 粒径颗粒增多，降低了集料的压密效果。另外，矿料间隙率随 CA 比的变化幅度也与集料的形状和表面纹理有关。CA 比的建议值见表 2.8。当 CA 比接近 1.0 时，会因粗集料中 $r_{NMPS}/2 \sim r_{PCS}$ 粒径颗粒含量过大而使混合料在施工中难以压实，且因粗集料颗粒之间容易产生移动而不易嵌挤成型。当 CA 比大于1.0 时，$r_{NMPS}/2 \sim r_{PCS}$ 粒径颗粒将限制粗集料骨架结构的形成，导致较大粒径的粗集料悬浮于其中。当 CA 比低于表 2.8 中所给范围时，混合料易发生离析。

2. FA_c 比

把细集料重新视为一种混合料，并将其分成粗、细两个部分，细集料中粗料部分形成的空隙由细料部分进行填充。FA_c 比反映细集料中粗

料与细料部分的嵌挤、填充情况，计算公式为

$$FA_c = \frac{P_{SCS}}{P_{PCS}}$$ (2.38)

式中，P_{SCS} 为第二控制筛孔的通过百分率，%。

FA$_c$ 比的建议值见表 2.8。FA$_c$ 比增大，表明细集料中起填充作用的细料部分比例增大，从而使细集料形成更为紧密的结构。通常 FA$_c$ 比应小于 0.50，如果 FA$_c$ 比大于 0.50，表明混合料中含有过量的天然砂，在 0.45 次方级配曲线图上将出现"驼峰"，这是应该避免的。如果 FA$_c$ 比低于 0.35，则表明合成级配不均匀，在 0.45 次方级配曲线图上呈凸状，这种级配可能存在压实问题。对混合料的矿料间隙率有很大影响，矿料间隙率随 FA$_c$ 比的减小而增大。

表 2.8　贝雷法集料公称最大粒径参数推荐范围

集料比参数	公称最大粒径 r_{NMPS}/mm					
	37.5	25	19	12.5	9.5	4.75
CA 比	0.80～0.95	0.70～0.85	0.60～0.75	0.50～0.65	0.40～0.55	0.30～0.45
FA$_c$ 比	0.35～0.50	0.35～0.50	0.35～0.50	0.35～0.50	0.35～0.50	0.35～0.50
FA$_f$ 比	0.35～0.50	0.35～0.50	0.35～0.50	0.35～0.50	0.35～0.50	0.35～0.50

注：对于给定的一组集料，表中的推荐范围仅作为初始参考值。设计者可对现有较为合理的设计结果进行评估，以确定更窄的目标范围用于指导级配设计。

3. FA$_f$ 比

FA$_f$ 比反映合成集料中最细一级的嵌挤情况，计算公式为

$$FA_f = \frac{P_{TCS}}{P_{SCS}}$$ (2.39)

式中，P_{TCS} 为第三控制筛孔的通过百分率，%。

一般地，矿料间隙率随 FA$_f$ 比的减小而增大。FA$_f$ 比的建议值见表 2.8。对于一般的密级配沥青混合料，FA$_f$ 比应小于 0.50。

以上三个集料比参数都是通过与不同混合料公称最大粒径相联系

的各个控制筛孔的通过百分率计算得到的，它们对于评价和调整混合料的矿料间隙率及空隙率有很大价值。值得注意的是，表2.8中根据不同的公称最大粒径对 CA 比、FA$_c$ 比、FA$_f$ 比三个参数的范围分别做出规定，这一点是合理的，但对于其范围是否合适或是否适合中国的情况，还需要进一步验证。

2.5.4　集料级配组成设计

1. 级配设计思想

贝雷法集料级配设计的思想基于以下两点：

(1)沥青混合料的强度和抗车辙能力来自于集料的骨架与合适的集料填充。

(2)沥青混合料的耐久性由一系列体积指标来保证，如空隙率、矿料间隙率等。

2. 级配设计的具体步骤

在进行级配设计之前，贝雷法要求首先确定：①集料筛分数据与毛体积相对密度；②松装密度与干捣密度；③集料设计密度；④0.075mm筛孔通过百分率；⑤粗集料体积组成；⑥细集料体积组成。

贝雷法集料级配设计具体步骤如下：

(1)确定粗集料的设计密度(kg/m^3)。

(2)计算粗集料在设计密度下的空隙体积。

(3)用细集料的干捣密度确定填充粗集料空隙所需的细集料用量。

(4)利用粗、细集料各组分的密度，确定矿质混合料的总重，并转换为各档集料的合成质量分数。

(5)计算粗集料中所含的细集料部分比例以及细集料中所含的粗集料部分比例。

(6)确定粗、细集料调整后的质量分数。

(7)若使用矿质填料或回收粉尘，则需调整细集料部分用量比例，以保持所需粗、细集料的质量分数。

(8)确定经修正后的矿质混合料中各档集料最终的质量分数，用于计算混合料质量。

3. 级配设计实例

本实例采用两档粗集料(CA#1、CA#2)、一档细集料(FA#1)与矿质填料(MF)进行级配设计[12,13]，公称最大粒径为 12.5mm，各档集料和矿质填料的通过百分率见表 2.9，物理指标测试结果见表 2.10。

表 2.9　各档集料和矿质填料的通过百分率　　　（单位：%）

矿料类型	筛孔尺寸/mm									
	19	12.5	9.5	4.75	2.36	1.18	0.6	0.3	0.15	0.075
CA#1	100	94	38	3	1.9	1.8	1.8	1.8	1.8	1.7
CA#2	100	100	99	30	5	2.5	1.9	1.4	1.3	1.2
FA#1	100	100	100	99	79.9	48.8	29	14.2	8.8	3
MF	100	100	100	100	100	100	100	100	98	90

表 2.10　各档集料和矿质填料的物理指标测试结果

矿料类型	毛体积相对密度	表观相对密度	松装密度/(kg/m³)	干捣密度/(kg/m³)	吸水率/%
CA#1	2.702	2.812	1426	1608	1.452
CA#2	2.698	2.812	1400	1592	1.502
FA#1	3.162	3.600	—	2167	3.844
MF	2.806	2.806	—	—	—

基于粗集料设计密度占松装密度百分率推荐范围为 95%～105%，0.075mm 筛孔通过百分率推荐范围为 3.5%～6.0%，本实例取粗集料设计密度为松装密度的 103%，0.075mm 筛孔通过百分率取 4.5%；细集料的设计密度直接选用其干捣密度。CA#1 和 CA#2 两种粗集料按体积比 25∶75 组合。级配设计细化流程如下：

(1)根据各档粗集料的松装密度与粗集料整体设计密度确定各档粗集料的设计密度。细集料的设计密度则直接选用其干捣密度，计算公式为

$$粗集料设计密度 = 松装密度×设计密度占松装密度的百分率 \qquad (2.40)$$

CA#1 设计密度为

$$1426\text{kg}/\text{m}^3 \times 103\% \approx 1469\text{kg}/\text{m}^3$$

CA#2 设计密度为

$$1400\text{kg}/\text{m}^3 \times 103\% = 1442\text{kg}/\text{m}^3$$

(2) 根据各档粗集料的体积分数分别计算其单位体积用量, 计算公式为

$$\text{单位体积用量} = \text{粗集料体积分数} \times \text{设计密度} \qquad (2.41)$$

CA#1 单位体积用量为

$$25\% \times 1469\text{kg}/\text{m}^3 \approx 367\text{kg}/\text{m}^3$$

CA#2 单位体积用量为

$$75\% \times 1442\text{kg}/\text{m}^3 \approx 1082\text{kg}/\text{m}^3$$

(3) 根据各档粗集料的设计密度与相应的体积分数计算粗集料松装间隙率, 而后对每档粗集料的松装间隙率进行求和, 计算公式为

$$\text{VCA} = \left(1 - \frac{\rho_{\text{设计密度}}}{\rho_{\text{毛体积相对密度}} \times \rho_{\text{w}}}\right) \times \text{体积分数} \qquad (2.42)$$

式中, ρ_{w} 为水的密度, 取 1000kg/m³。

CA#1 粗集料松装间隙率为

$$\text{VCA}\#1 = \left(1 - \frac{1469}{2.702 \times 1000}\right) \times 25\% \approx 11.4\%$$

CA#2 粗集料松装间隙率为

$$\text{VCA}\#2 = \left(1 - \frac{1442}{2.698 \times 1000}\right) \times 75\% \approx 34.9\%$$

求和为

$$\text{VCA}\#1 + \text{VCA}\#2 = 11.4\% + 34.9\% = 46.3\% \qquad (2.43)$$

(4)假定粗集料松装间隙率完全由细集料填充，则根据各档细集料的体积分数计算其单位体积用量，计算公式为

$$各档细集料的单位体积用量$$
$$=细集料设计密度×细集料体积分数(\%)×VCA(\%) \tag{2.44}$$

FA#1 单位体积用量为

$$2167kg / m^3 ×100\%×46.3\% ≈ 1003kg / m^3$$

(5)计算集料单位体积总用量，计算公式为

$$集料单位体积总用量$$
$$=粗集料单位体积用量+细集料单位体积用量 \tag{2.45}$$

集料单位体积总用量为

$$367kg / m^3 + 1082kg / m^3 + 1003kg / m^3 = 2452kg / m^3$$

(6)计算各档集料初始用量比例，计算公式为

$$集料用量比例=集料单位体积用量/集料单位体积总用量×100\% \tag{2.46}$$

CA#1 用量比例为

$$(367kg / m^3) / (2452kg / m^3)×100\% ≈ 15\%$$

CA#2 用量比例为

$$(1082kg / m^3) / (2452kg / m^3)×100\% ≈ 44.1\%$$

FA#1 用量比例为

$$(1003kg / m^3) / (2452kg / m^3)×100\% ≈ 40.9\%$$

(7)考虑粗集料中的细集料与细集料中的粗集料存在情况以完成对集料用量比例的修正。本例选取的集料公称最大粒径为 12.5mm，则粗细集料的分界粒径为 2.36mm。对于粗集料，应计算 2.36mm 筛孔的通过百分率；对于细集料，应计算 2.36mm 的累计筛余百分率，则 CA#1

粗集料中细集料含量为 1.9%，CA#2 粗集料中细集料含量为 5%，FA#1 细集料中粗集料含量=100%−79.9%=20.1%。

(8)根据各档粗集料的用量比例计算粗集料中的细集料占集料总用量的比例(简称粗集料中细集料比例)，计算公式为

粗集料中细集料比例 = 粗集料用量比例×粗集料中细集料含量　　(2.47)

CA#1 中细集料比例为

$$15\% \times 1.9\% \approx 0.3\%$$

CA#2 中细集料比例为

$$44.1\% \times 5\% \approx 2.2\%$$

(9)计算各档粗集料中的细集料占集料总用量的比例之和，本例为 0.3%+2.2%=2.5%。

(10)根据细集料的用量比例计算细集料中粗集料占集料总用量的比例(简称细集料中粗集料比例)，计算公式为

细集料中粗集料比例 = 细集料用量比例×细集料中粗集料含量　　(2.48)

FA#1 中粗集料比例为

$$40.9\% \times 20.1\% \approx 8.2\%$$

(11)计算各档细集料中粗集料占集料总用量的比例之和，本例为 8.2%。

(12)根据粗集料中细集料总比例和细集料中粗集料总比例修正各档粗集料的初始用量比例，计算公式为

$$粗集料修正用量比例 = 初始用量比例+粗集料中细集料总比例$$
$$- \frac{初始用量比例×细集料中粗集料总比例}{粗集料总用量比例}$$

$$(2.49)$$

CA#1 修正用量比例为

$$15\%+0.3\%-\frac{15\%\times 8.2\%}{15\%+44.1\%}\approx 13.2\%$$

CA#2 修正用量比例为

$$44.1\%+2.2\%-\frac{44.1\%\times 8.2\%}{15\%+44.1\%}\approx 40.2\%$$

（13）根据细集料中粗集料总比例和粗集料中细集料总比例修正细集料的初始用量比例，计算公式为

细集料修正用量比例 = 初始用量比例+细集料中粗集料总比例

$$-\frac{\text{初始用量比例}\times\text{粗集料中细集料总比例}}{\text{细集料总用量比例}}$$

$$(2.50)$$

FA#1 修正用量比例为

$$40.9\%+8.2\%-\frac{40.9\%\times 2.5\%}{40.9\%}=46.6\%$$

（14）根据采用修正后的各档集料的用量比例分别计算其粒径小于 0.075mm 的集料比例，计算公式为

各档集料中粒径＜0.075mm的集料比例

= 修正后的用量比例×0.075mm筛孔通过百分率

$$(2.51)$$

CA#1 中＜0.075mm 的集料比例为

$$13.2\%\times 1.7\%\approx 0.2\%$$

CA#2 中＜0.075mm 的集料比例为

$$40.2\%\times 1.2\%\approx 0.5\%$$

FA#1 中＜0.075mm 的集料比例为

$$46.6\%\times 3.0\%\approx 1.4\%$$

（15）计算需添加的矿质填料的比例，使 0.075mm 筛孔的通过百分率达到设计值。对于本例的矿质混合料，0.075mm 筛孔通过百分率的设计

值为 4.5%，计算公式为

矿质填料比例

$$= \frac{0.075mm\ 筛孔通过百分率设计值 - 粒径<0.075mm\ 的集料比例}{矿质填料0.075mm\ 筛孔通过百分率}$$

$$\times 100\%$$

$$(2.52)$$

MF 比例为

$$\frac{4.5\% - 2.1\%}{90\%} \times 100\% \approx 2.7\%$$

(16)将矿质填料作为矿质混合料中细集料的一部分，由此需对细集料的最终用量比例进行调整，而矿质填料中不含 2.36mm 以上部分，因此粗集料的用量比例不需要调整，则细集料级配调整计算公式为

细集料最终用量比例

$$= 细集料修正用量比例 - \frac{细集料修正用量比例 \times 矿质填料比例}{细集料修正用量比例}$$

$$(2.53)$$

FA#1 最终用量比例为

$$46.6\% - \frac{46.6\% \times 2.7\%}{46.6\%} = 43.9\%$$

各档集料和矿质填料的用量比例设计结果见表 2.11。

表 2.11　各档集料和矿质填料的用量比例设计结果

矿料类型	用量比例/%
CA#1	13.2
CA#2	40.2
FA#1	43.9
MF	2.7

基于以上集料用量比例设计结果，得到的混合料级配见表 2.12，集

料比参数计算结果见表 2.13。

表 2.12　贝雷法设计混合料级配

筛孔尺寸/mm	通过百分率/%
19	100
12.5	99.2
9.5	91.4
4.75	58.6
2.36	40.0
1.18	25.4
0.6	16.4
0.3	9.7
0.15	7.3
0.075	4.5

表 2.13　集料比参数计算结果

集料比参数	计算值	推荐范围
CA 比	0.45	0.50～0.65
FA_c 比	0.41	0.35～0.50
FA_f 比	0.44	0.35～0.50

2.5.5　贝雷法在细级配混合料中的应用

细级配混合料中细集料体积大于粗集料在松装密度状态下形成的空隙体积，因此粗集料颗粒无法嵌挤形成骨架结构而悬浮于细集料中，混合料抗永久变形能力主要取决于细集料，矿料间隙率也取决于细集料。在贝雷法中提高或降低粗集料设计密度可同时改变粗集料和细集料体积，而且随着粗集料设计密度的降低，细集料体积相应增大。在细级配混合料中，细集料体积的增大将导致矿料间隙率的升高。

采用贝雷法进行细级配合成级配的设计分为两个步骤[10,12]。

(1)确定粗集料的设计密度，其值应小于松装密度(为松装密度的90%或更低)，这样混合料中粗集料不形成骨架结构，只是悬浮在细集料中。

(2)将粒径小于 r_{PCS} 的集料重新视为一混合集料进行设计，同时采用 2.5.3 节的三个集料比参数进行检验。具体做法是先将这部分集料总量定为 100%，并分为粗、细两个部分，原混合料的 r_{PCS} 视为该部分混合集料的公称最大粒径，相应地产生新的 r_{PCS}、$r_{NMPS}/2$、r_{SCS} 和 r_{TCS}。然后计算细集料部分(通过原 r_{PCS} 筛孔的百分率为 100%，其余各级筛孔通过百分率做相应调整)三个新的比例参数，确定是否符合建议值。新集料比参数的计算方法见表 2.14 和表 2.15。

表 2.14　贝雷法细级配集料控制筛孔建议值　　（单位：mm）

控制筛孔	公称最大粒径 r_{NMPS}/mm					
	37.5	25.0	19	12.5	9.5	4.75
原 r_{PCS}	9.5	4.75	4.75	2.36	2.36	1.18
新 $r_{NMPS}/2$	4.75	2.36	2.36	1.18	1.18	0.6
新 r_{PCS}	2.36	1.18	1.18	0.6	0.6	0.3
新 r_{SCS}	0.6	0.3	0.3	0.15	0.15	0.075
新 r_{TCS}	0.15	0.075	0.075	——	——	——

表 2.15　贝雷法细级配集料调整级配集料比参数计算方法

公称最大粒径 r_{NMPS}/mm	集料比参数		
	CA 比	FA_c 比	FA_f 比
37.5	$\dfrac{P_{4.75}-P_{2.36}}{100\%-P_{4.75}}$	$\dfrac{P_{0.6}}{P_{2.36}}$	$\dfrac{P_{0.15}}{P_{0.6}}$
25.0	$\dfrac{P_{2.36}-P_{1.18}}{100\%-P_{2.36}}$	$\dfrac{P_{0.3}}{P_{1.18}}$	$\dfrac{P_{0.075}}{P_{0.3}}$
19	$\dfrac{P_{2.36}-P_{1.18}}{100\%-P_{2.36}}$	$\dfrac{P_{0.3}}{P_{1.18}}$	$\dfrac{P_{0.075}}{P_{0.3}}$
12.5	$\dfrac{P_{1.18}-P_{0.6}}{100\%-P_{1.18}}$	$\dfrac{P_{0.15}}{P_{0.6}}$	*
9.5	$\dfrac{P_{1.18}-P_{0.6}}{100\%-P_{1.18}}$	$\dfrac{P_{0.15}}{P_{0.6}}$	*
4.75	$\dfrac{P_{0.6}-P_{0.3}}{100\%-P_{0.6}}$	$\dfrac{P_{0.075}}{P_{0.3}}$	*

＊该类混合料只求 CA 比和 FA_c 比。

细级配混合料的新集料比参数变化对矿料间隙率的影响与粗级配混合料类似。在三个集料比参数中，FA_c 比的变化会对矿料间隙率产生显著影响。当矿料中细集料的含量一定时，有如下结论：

(1)随着新 CA 比增大，矿料间隙率增加，CA 比范围为 0.6～1.0。相比粗级配混合料，细级配混合料的 CA 比变异性更大，因此推荐的范围较宽。

(2)随着新 FA_c 比降低，矿料间隙率增加，FA_c 比范围为 0.35～0.50。

(3)随着新 FA_f 比降低，矿料间隙率增加，FA_f 比范围为 0.35～0.50。

对于给定的一组集料，以上集料比参数推荐范围仅作为初始参考值。设计者可对现有较为合理的设计结果进行评估，以确定更窄的目标范围用于指导级配设计。

以下是贝雷法的集料比参数在细级配混合料中的计算案例，计算过程如下所示。

利用贝雷法级配设计确定集料公称最大粒径为 12.5mm 的矿质混合料级配，见表 2.16。

表 2.16 公称最大粒径为 12.5mm 的矿质混合料级配

筛孔尺寸/mm	通过百分率/%
19	100
12.5	99
9.5	90
4.75	65.5
2.36	49.1
1.18	36.8
0.6	26.5
0.3	16.7
0.15	10.1
0.075	6.5

(1)确定 $r_{NMPS}/2$ 筛孔通过百分率。

公称最大粒径为 12.5mm 的矿质混合料的 $r_{NMPS}/2$ 筛孔尺寸为 6.25mm，采用直线内插方法计算 $r_{NMPS}/2$ 筛孔的集料通过百分率，即

$$
\begin{aligned}
P_{\frac{r_{\text{NMPS}}}{2}} &= P_{9.5\text{mm}} - \left[0.6842\left(P_{9.5\text{mm}} - P_{4.75\text{mm}}\right)\right] \\
&= 90\% - \left[0.6842\left(90\% - 65.5\%\right)\right] \\
&\approx 73.2\%
\end{aligned}
\tag{2.54}
$$

(2) 确定集料比参数, 即

$$
\text{CA} = \frac{P_{\frac{r_{\text{NMPS}}}{2}} - P_{\text{PCS}}}{100\% - P_{\frac{r_{\text{NMPS}}}{2}}} = \frac{73.2\% - 49.1\%}{100\% - 73.2\%} \approx 0.899
\tag{2.55}
$$

$$
\text{FA}_{\text{c}} = \frac{P_{\text{SCS}}}{P_{\text{PCS}}} = \frac{26.5\%}{49.1\%} \approx 0.540
\tag{2.56}
$$

$$
\text{FA}_{\text{f}} = \frac{P_{\text{TCS}}}{P_{\text{SCS}}} = \frac{10.1\%}{26.5\%} \approx 0.381
\tag{2.57}
$$

(3) 调整级配使第一控制筛孔通过百分率为 100%。

公称最大粒径为 12.5mm 的矿质混合料的第一控制筛孔尺寸 r_{PCS} 为 2.36mm, 在本例中其通过百分率为 49.1%。为使第一控制筛孔通过百分率调整为 100%, 应将小于第一控制筛孔的各筛孔对应的集料通过百分率除以第一控制筛孔通过百分率, 调整结果见表 2.17。

表 2.17　矿质混合料级配调整结果

筛孔尺寸/mm	初始通过百分率/%	级配调整方程	级配调整结果/%
19	100	—	—
12.5	99	—	—
9.5	90	—	—
4.75	65.5	—	—
2.36	49.1	$\dfrac{49.1}{49.1}$	100
1.18	36.8	$\dfrac{36.8}{49.1}$	74.9
0.6	26.5	$\dfrac{26.5}{49.1}$	54.0

筛孔尺寸/mm	初始通过百分率/%	级配调整方程	级配调整结果/%
0.3	16.7	$\dfrac{16.7}{49.1}$	34.0
0.15	10.1	$\dfrac{10.1}{49.1}$	20.6
0.075	6.5	$\dfrac{6.5}{49.1}$	13.2

(4)确定细级配的集料比参数,即

$$\text{FG-CA} = \frac{\dfrac{P_{r_{\text{NMPS}}}}{2} - P_{\text{PCS}}}{100\% - \dfrac{P_{r_{\text{NMPS}}}}{2}} = \frac{74.9\% - 54.0\%}{100\% - 74.9\%} \approx 0.833 \tag{2.58}$$

$$\text{FG-FA}_{\text{c}} = \frac{P_{\text{SCS}}}{P_{\text{PCS}}} = \frac{20.6\%}{54.0\%} \approx 0.381 \tag{2.59}$$

细级配矿质混合料的集料比参数计算结果见表 2.18。

表 2.18　细级配矿质混合料集料比参数计算结果

集料比参数	计算值	推荐范围
CA 比	0.899	—
FA$_\text{c}$ 比	0.540	—
FA$_\text{f}$ 比	0.381	—
FG-CA 比	0.833	0.6～1.0
FG-FA$_\text{c}$ 比	0.381	0.35～0.5

2.5.6　贝雷法在 SMA 混合料中的应用

贝雷法中利用粗集料骨架结构抵抗永久变形的思想在 SMA 混合料中得到了进一步的深化。SMA 混合料中,为了达到理想的粗集料骨架结构,粗集料设计密度参照其干捣密度确定,一般为干捣密度的 110%～125%。为不妨碍粗集料骨架结构的形成,细集料的设计密度取其松装密度。为确保粗集料骨架结构的形成，压实沥青混合料的粗集料骨架间隙率 VCA_{mix} 必须等于或小于捣实状态下粗集料松装间隙率 VCA_{DRC}，因此要参照相应规程进行测定比较，以设计出合理的矿料级配[10,12]。

SMA 混合料设计时，集料控制筛孔的建议值见表 2.19，集料比参数应符合表 2.20 给出的建议值。

表 2.19　贝雷法 SMA 级配集料控制筛孔建议值　　（单位：mm）

控制筛孔	公称最大粒径 r_{NMPS}/mm			
	19	12.5	9.5	4.75
r_{NMPS}/2	9.5	*	4.75	2.36
r_{PCS}	4.75	2.36	2.36	1.18
r_{SCS}	1.18	0.60	0.60	0.30
r_{TCS}	0.30	0.15	0.15	0.075

＊公称最大粒径为 12.5mm 的混合料接近 r_{NMPS}/2 的控制筛孔尺寸为 4.75mm，但 6.25mm 是公称最大粒径为 12.5mm 集料的真实分界点，因此推荐通过插值法确定集料 6.25mm 筛孔处的通过百分率来计算 CA 比参数值。

表 2.20　贝雷法 SMA 级配集料比参数建议值

集料比参数	公称最大粒径 r_{NMPS}/mm		
	19	12.5	9.5
CA 比	0.35~0.50	0.25~0.40	0.15~0.30
FA_c 比	0.60~0.85	0.60~0.85	0.60~0.85
FA_f 比	0.60~0.90	0.60~0.85	0.60~0.85

2.5.7　贝雷法级配设计与分析中的关键问题

贝雷法进行级配设计与分析的总体思路为：集料嵌挤与填充特性—体积特性—混合料路用性能，即通过设计集料的嵌挤与填充特性，获得合理的混合料体积特性，从而使混合料具备良好的路用性能，主要包括由骨架结构保证的良好抗车辙性能以及由合适的体积特性(如矿料间隙率、空隙率等)保证的良好耐久性能。为了达到预期的设计目标，应用贝雷法进行级配设计与分析时，应注意把握以下关键问题，才能真正发挥贝雷法的优势。

1. 粗集料设计密度的选择

在贝雷法中，设计密度的选取非常重要，它直接关系到粗集料的骨架结构，因此选取设计密度是贝雷法的关键。为了使集料的级配形成骨架结构，需不断调整设计密度，这是贝雷法设计的基础。只有选择合适的设计密度，验证粗细集料的比例才有意义。

设计密度的本质是在 SMA 混合料级配设计中提出判断集料相互接触的条件，即 $VCA_{DRC} \geqslant VCA_{mix}$，只有满足这一关系，混合料才能形成骨架。贝雷法中提到的设计密度是比 SMA 混合料中粗集料干捣密度小的密度，但它一般要大于粗集料的松装密度，其目的就是为了满足上述关系。相关研究表明，当设计密度为松装密度的 100%以上时，混合料中的粗集料就可以形成嵌挤。对于一般的密级配沥青混合料，为了满足施工的要求，不选择更大的设计密度，因为设计密度越大，沥青混合料越难压实；对于 SMA 混合料中选用的粗集料干捣密度，一般为松装密度的 110%以上，由于 SMA 混合料采用间断级配，同时沥青掺量较高，所以不影响施工的和易性。

粗集料设计密度对沥青混合料的体积特性有很大影响。设计密度增大，则混合料中的粗集料增多，骨架结构增强，抵抗压实的能力也得以提高，同时混合料的空隙率和矿料间隙率也增大。对于粗级配混合料，设计密度增大 5%，矿料间隙率将增大 0.5%～1.0%。对于细级配混合料，由于其粗集料不形成骨架结构，设计密度的变化对矿料间隙率的影响不大。

改变粗集料设计密度会使混合料中第一控制筛孔通过百分率发生变化。实际生产中必须特别注意保持第一控制筛孔通过百分率的一致性，因为它将影响混合料的粗集料骨架结构、空隙率和压实特性，适当地改变粗集料设计密度能改善混合料压实特性。

2.CA 比在贝雷法设计中的作用

目前，中国引进贝雷法基本上是采用贝雷法三参数来验证所选级配，这其中存在一个错误的认识，即认为当 CA 比在推荐的 0.4～0.8 范围内时，粗集料就可以形成嵌挤骨架。对于粗集料部分，一般认为从

1/2 公称最大粒径的筛孔到粗细集料分界筛孔之间的这档集料最易对粗集料结构产生干涉，若该档集料太多会干涉粗集料的结构，特别多时就会控制粗集料的结构，因此要限制其含量。根据贝雷法的要求，当 CA 比在 0.4～0.8 范围内时，能确保粗集料部分结构的平衡。当 CA 比太小时，沥青混合料易发生离析，当 CA 比接近 1 时，级配中的粗集料会变得不平衡，这是由于干涉颗粒将控制粗集料的结构，导致混合料难以压实且易于推移。因此，控制 CA 比并不能保证粗集料形成骨架，不能将 CA 比作为粗集料是否形成骨架结构的决定因素。一些常规的 Superpave 类混合料及 AC 类混合料，验证其 CA 比满足 0.4～0.8 的要求，但这些级配均为未形成骨架结构的混合料，这也证明了 CA 比不能作为粗集料形成骨架的依据。CA 比仅能证明粗集料部分没有发生颗粒干涉，且施工和易性较好，对于是否形成骨架结构，则主要通过考察粗集料密度是否位于松装密度和干捣密度之间，即粗集料设计密度是设计级配能否形成骨架结构的决定性因素。

当然，CA 比虽不能决定粗集料是否形成骨架结构，但它确实对粗集料骨架形成产生一定的影响。因为 CA 比反映的是粗细集料两部分间的比例关系，也反映了整个粗集料的平均粒径大小，CA 比越小，表示整个粗集料的平均粒径越大，在细集料部分不变的情况下，细集料对粗集料的干涉效应越小，混合料中粗集料越易形成骨架，反之亦然。只有明确了 CA 比在级配设计中的作用，才能正确运用该参数进行合理的级配设计。

3. 不同设计参数对沥青混合料体积特性的影响

沥青混合料的体积特性是否合适决定了其路用性能的优劣。各国在沥青混合料设计规范中都规定了空隙率、沥青饱和度以及矿料间隙率的要求，其中对空隙率和沥青饱和度往往较为重视，但对矿料间隙率的控制较少，即使设计时考虑矿料间隙率，若其不满足要求，多采用增加沥青用量的方法来满足，这样解决也是存在问题的。

矿料间隙率受集料性质和级配的影响，其中集料性质方面，尤以粗集料的棱角性、针片状集料质量分数以及细集料的棱角性影响最大。在集料性质满足要求的前提下，矿料间隙率主要取决于级配，不同的级配有不同的矿料间隙率，一般不合理的级配很难满足矿料间隙率的要求。贝雷法设计的核心是对矿料间隙率的设计，也就是通过贝雷法设计的混合料一般都能满足矿料间隙率的要求。

粗集料的设计密度对沥青混合料的体积特性有较大的影响。随着设计密度的增加，一般会增大空隙率和矿料间隙率，同时增加集料的嵌挤，但会导致压实困难，影响施工和易性。一般设计密度增加 5%，矿料间隙率可以增加 0.5%~1.0%。设计密度的变化同样会导致第一控制筛孔通过百分率的变化，同样，第一控制筛孔通过百分率的变化也会影响设计密度。CA 比对沥青混合料的体积特性也有显著影响，CA 比的增加会导致沥青混合料空隙率和矿料间隙率增大，这是由较多的干涉颗粒导致的。当 CA 比增加 0.2 时，混合料的矿料间隙率可以增加 0.5%~1.0%。CA 比越小，沥青混合料越易离析。FA 比对沥青混合料体积特性也有影响。FA 比的增加会导致沥青混合料空隙率和矿料间隙率减小，一般当 FA 比减小 0.05 时，混合料的矿料间隙率可以增大 1%。

2.5.8 贝雷法与 i 法级配设计的融合

根据贝雷法对粗细集料的分级定义，将 $0.22D$ 修改为 $0.25D$，即粗细集料的筛孔分界点为 $d_i = \left(\dfrac{1}{2}\right)^2 D$。因此，$P_{\text{PCS}} = P_{0.22D} \approx P_{\frac{D}{4}}$、$P_{\text{SCS}} = P_{0.22\text{PCS}} \approx P_{\frac{D}{16}}$、$P_{\text{TCS}} = P_{0.22\text{SCS}} \approx P_{\frac{D}{64}}$，相应的贝雷法分级公式和 i 法可进行融合。

根据 i 法，可知

$$P_{\frac{D}{2}} = P_0 \cdot i^{x-1} = P_0 \cdot i^{3.3219\lg\frac{D}{D/2}} = P_0 \cdot i \tag{2.60}$$

$$P_{\frac{D}{4}} = P_0 \cdot i^{x-1} = P_0 \cdot i^{3.3219\lg\frac{D}{D/4}} = P_0 \cdot i^2 \tag{2.61}$$

$$P_{\frac{D}{16}} = P_0 \cdot i^{x-1} = P_0 \cdot i^{3.3219\lg\frac{D}{D/16}} = P_0 \cdot i^4 \tag{2.62}$$

$$P_{\frac{D}{64}} = P_0 \cdot i^{x-1} = P_0 \cdot i^{3.3219 \lg \frac{D}{D/64}} = P_0 \cdot i^6 \tag{2.63}$$

代入贝雷法各验证参数计算公式(式(2.37)～式(2.39))可得

$$CA = \frac{P_{\frac{D}{2}} - P_{\frac{D}{4}}}{100\% - P_{\frac{D}{2}}} = \frac{P_0 \cdot i - P_0 \cdot i^2}{100\% - P_0 \cdot i} = P_0 \cdot \frac{i - i^2}{100\% - P_0 \cdot i} \tag{2.64}$$

$$FA_c = \frac{P_{SCS}}{P_{PCS}} = \frac{P_{\frac{D}{16}}}{P_{\frac{D}{4}}} = \frac{P_0 \cdot i^4}{P_0 \cdot i^2} = i^2 \tag{2.65}$$

$$FA_f = \frac{P_{TCS}}{P_{SCS}} = \frac{P_{\frac{D}{64}}}{P_{\frac{D}{16}}} = \frac{P_0 \cdot i^6}{P_0 \cdot i^4} = i^2 \tag{2.66}$$

由此，对于采用 i 法设计的级配，可采用贝雷法的参数进行级配检验，级配设计有了更多的有效工具。

2.6　美国 Superpave 级配设计方法

2.6.1　概况

20 世纪 40 年代和 50 年代，人们大多采用的是维姆法和马歇尔配合比设计方法，多年来，这两种配合比设计方法得到了广泛运用，但是随着交通和荷载的不断增加，人们需要一种改进的配合比设计方法，它可以正确地为各种交通量、车轴荷载和环境设计混合料，希望这种新的混合料设计程序包含预测车辙、温度开裂和疲劳开裂的试验及模式。

1988 年，美国战略公路研究计划(Strategic Highway Research Program，SHRP)启动时的一个首要目标便是开发改进的混合料设计程序。SHRP 于 1993 年完成。这项研究工作有数百名研究人员参加，分别承担了各项研究计划，经过艰苦努力，在五年时间里把全部的研究结果形成了一个完整的结论。虽然混合料设计程序中体积方法基本上是完整的，但是大量的后续研究工作也正在进行着，目的是要校核程序的各个组成部分，并在需要修改的地方进行完善。

如上所述，研究工作主要包括沥青结合料的评价、混合料设计及分析，但是该项研究没有涉及集料。当然，研究工作的混合料内容包括了集料，但是没有把集料评估从其他混合料成分中分开进行研究。

由于集料是混合料中极为重要的一部分，SHRP 研究人员意识到必须对集料做出明确规定。最终，根据集料专家小组达成共识的方法编制成一本指南，对各种交通和路表面以下各层所需集料的性质给出建议。

1993 年 SHRP 完成时，其结论性系统包括如下内容：最佳沥青选择系统、沥青混合料实验室整体最佳设计及分析系统、沥青混合料实际路用性能预测系统。该系统被命名为高性能沥青路面（superior performing asphalt pavement, Superpave）系统。

2.6.2　级配设计

Superpave 采用 0.45 次方级配曲线图定义可接受的级配范围，此图采用最大密度曲线法（n 法）进行设计，在进行坐标绘制时，以筛孔尺寸的 0.45 次方的算术值作为横坐标，但在该值处标识出来的是筛孔尺寸；纵坐标是通过百分率。通过该种图形技术判断集料混合物的颗粒尺寸累计分布，如图 2.15 所示。4.75mm 的筛孔画在原点右边 2.02 单位上，2.02 是 4.75mm 的筛孔。一般 0.45 次方的数值不在横坐标标出，标出的是实际筛孔尺寸，如图 2.16 所示。此图的一个重要特征是以通过原点到最

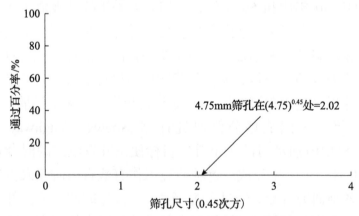

图 2.15　4.75mm 筛孔的 0.45 次方计算值及在横坐标上的位置

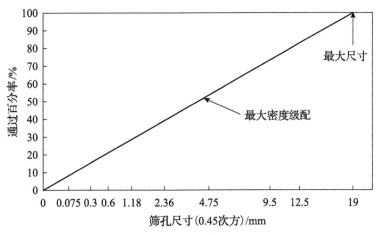

图 2.16　在级配设计图中横坐标实际标注图

大集料尺寸的直线为最大密度级配。Superpave 采用 ASTM 标准筛组[2]。

　　最大密度级配表示集料颗粒以最密实的方式排列的级配，这种级配应尽量避免，因为这样的级配中集料颗粒间的空间特别小，不能保证形成的混合料可容纳足够厚度的沥青膜以确保其耐久性。

　　Superpave 对 0.45 次方级配曲线图增加了两个附加特征来规范集料级配，即控制点和禁区，如图 2.17 所示。控制点为级配必须通过的范围，分别设置在公称最大粒径、中等粒径(2.36mm 或 4.75mm)和最小粒径(0.075mm)处，见表 2.21。禁区处于最大密度级配线中等粒径和 0.3mm 粒径之间，见表 2.22，禁区为级配不能通过的区域。通过禁区的级配多呈驼峰形，因此称为驼峰级配。SHRP A-410 中提出设置禁区的目的有两个：一是限制砂的用量，减少永久变形；二是提供足够的矿料间隙率。该报告同时指出混合料设计宜使级配通过禁区下方而不是上方，这样能形成更粗的级配和最大强度的集料结构。美国各州公路管理部门通常都要求设计者在级配设计时避开禁区，随着交通量的增加，建议级配靠近粗(较低)控制点，有些州甚至规定绝对不能通过禁区。FHWA-SA-95-003 中认为，通过禁区的级配通常易产生驼峰曲线，而驼峰曲线一般具有较高的含砂量，从而导致混合料很难压实，同时还会产生级配结构不稳定以及对沥青用量过分敏感等问题。

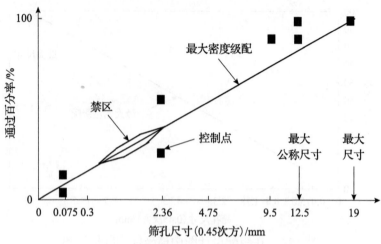

图 2.17 在级配设计图中的控制点和禁区

表 2.21 Superpave 集料级配控制点通过百分率 （单位：%）

筛孔尺寸/mm	公称最大粒径/mm									
	37.5		25		19		12.5		9.5	
	最小值	最大值	最小值	最大值	最小值	最大值	最小值	最大值	最小值	最大值
50	100	—	—	—	—	—	—	—	—	—
37.5	90	100	100	—	—	—	—	—	—	—
25	—	90	90	100	100	—	—	—	—	—
19	—	—	—	90	90	100	100	—	—	—
12.5	—	—	—	—	—	90	90	100	100	—
9.5	—	—	—	—	—	—	—	90	90	100
4.75	—	—	—	—	—	—	—	—	—	90
2.36	15	41	19	45	23	49	28	58	32	67
0.075	0	6	1	7	2	8	2	10	2	10

表 2.22 Superpave 集料级配禁区边界通过百分率 （单位：%）

筛孔尺寸/mm	公称最大粒径/mm									
	37.5		25		19		12.5		9.5	
	最小值	最大值	最小值	最大值	最小值	最大值	最小值	最大值	最小值	最大值
0.3	10	10	11.4	11.4	13.7	13.7	15.5	15.5	18.7	18.7
0.6	11.7	15.7	13.6	17.6	16.7	20.7	19.1	23.1	23.5	27.5

续表

筛孔尺寸/mm	公称最大粒径/mm									
	37.5		25		19		12.5		9.5	
	最小值	最大值	最小值	最大值	最小值	最大值	最小值	最大值	最小值	最大值
1.18	15.5	21.5	18.1	24.1	22.3	28.3	25.6	31.6	31.6	37.6
2.36	23.3	27.3	26.8	30.8	34.6	34.6	39.1	39.1	47.2	47.2
4.75	34.7	34.7	39.5	39.5	—	—	—	—	—	—

控制点和禁区的确定是通过改进的 Delphi 法提出的。改进的 Delphi 法就是通过专家组对一系列问题进行回答，然后做出统计分析，根据统计分析结果来确定有关参数。

一般的 Delphi 法不允许专家进行面对面讨论，而改进的方法是允许的。对于级配的限制问题，专家组的评分结果见表 2.23。由表可知，专家组仅对级配设立控制点持同意的意见，但在最终的 Superpave 设计方法中还是提出了禁区的要求[10]。

表 2.23　级配限制问题专家评分表

集料特性	平均分值	标准差
级配控制	6.57	0.76
最大/最小尺寸	4.50	1.95
控制点和禁区	4.14	1.79
控制点	5.29	1.68

目前为止，各国研究者对控制点比较认同，但对于级配禁区却存在较大的争议，特别是美国西部环道试验验证结果更使人们对禁区的定义产生怀疑。国内外大量研究结果显示，当级配通过禁区或从禁区上方通过时，沥青混合料的抗永久变形能力、抗疲劳开裂性能以及强度力学特性都要优于从禁区下方通过的级配，建议在沥青混合料级配设计时可不考虑禁区的限制。

2.6.3 关于禁区的相关讨论

关于是否有必要设立禁区的问题，现在还无法得出一个定论，有待进一步的研究论证。本节结合林绣贤先生的文章对禁区的范围重新进行了梳理和计算，如图 2.18 所示[8]。

公称最大粒径/mm	筛孔尺寸/mm											禁区
	50	37.5	25	19	12.5	9.5	4.75	2.36	1.18	0.6	0.3	
37.5							34.7	23.3	15.5	11.7	10.0	$100\left(\dfrac{d}{50}\right)^{0.45}$
	100.0	87.9	73.2	64.7	53.6	47.4	34.7	25.3	18.5	13.7	10.0	
							34.7	27.3	21.5	15.7	10.0	
25							39.5	26.8	18.1	13.6	11.4	$100\left(\dfrac{d}{37.5}\right)^{0.45}$
		100.0	83.3	73.6	61.0	53.9	39.5	28.8	21.1	15.6	11.4	
							39.5	30.8	24.1	17.6	11.4	
19							34.6	22.3	16.7	13.7		$100\left(\dfrac{d}{25}\right)^{0.45}$
			100.0	88.4	73.2	64.7	47.4	34.6	25.3	18.7	13.7	
							34.6	28.3	20.7	13.7		
12.5							39.1	25.6	19.1	15.5		$100\left(\dfrac{d}{19}\right)^{0.45}$
				100.0	82.8	73.2	53.6	39.1	28.6	21.1	15.5	
							39.1	31.6	23.1	15.5		
9.5							47.2	31.6	23.5	18.7		$100\left(\dfrac{d}{12.5}\right)^{0.45}$
					100.0	88.4	64.7	47.2	34.6	25.5	18.7	
							47.2	37.6	27.5	18.7		

图 2.18 禁区规定范围计算结果[8]

从图 2.18 可以看出，禁区实际只是在 0.45 次方最大密度线计算的基础上，分别在 2.36mm、1.18mm、0.6mm 筛孔处，人为地 ±3% 或 ±2%，并不是实践经验或理论计算的结果，也没有按相对粒径的大小予以区别。也就是说，禁区仅仅作为防止细料进入最大密度线的标记，并不是不可逾越的雷池。

第 3 章　其他级配设计理论与方法

3.1　粒子干涉理论

粒子干涉理论由 Weymouth 提出，该理论认为，矿料要达到最大密度，前一级矿料颗粒形成的空隙应该由次一级颗粒所填充，其余空隙被再次一级颗粒所填充，为避免大小颗粒之间发生干涉现象，填充的颗粒粒径不得大于其间隙距离，且大小颗粒之间应按照一定的数量分配。当颗粒处于临界干涉状态时，前一级颗粒间形成的空隙与次一级颗粒的粒径相等，由此可导出粒子干涉理论公式[1]，即

$$\psi_a = \frac{\psi_0}{\left(\dfrac{d_i}{d_{i-1}} + 1\right)^3} \tag{3.1}$$

式中，d_i 为次粒级的粒径，mm；d_{i-1} 为前粒级的粒径，mm；ψ_0 为次粒级的理论实积率，即松装密度与表观密度之比；ψ_a 为次粒级的实用实积率。通过该参数，可计算各级集料的分计筛余百分率，即

$$a_i = (1 - a_{i-1}) \cdot \psi_a \tag{3.2}$$

式中，a_i 为各级粒径的分计筛余百分率，%；i 为各级筛孔编号，$i=1,2,3,\cdots$；a_0 为 100%。

由集料的松装密度和表观密度，求得集料理论实积率 ψ_0。计算连续级配时，集料实用实积率可由式(3.1)求得，再由实用实积率计算各级集料的分计筛余百分率。

经过简单的推导，可知 $1-\psi_a$ 即为 i 法中各级集料通过百分率的递减系数，因此得到通过百分率的公式为

$$P_i = (1 - \psi_a)^i \times 100\% \tag{3.3}$$

式中，$i=3.3219\lg\dfrac{D_0}{d_i}$，$D_0$ 为最大粒径的筛孔尺寸。

3.2　分　形　理　论

分形理论以极不规则的几何图形为研究对象，又称为破碎理论。目前，分形理论已经被广泛运用于研究自然界中常见的、不稳定的、不规则的现象，成为材料科学研究的有力工具，在金属材料、岩土材料的研究中得到了广泛运用。现有的研究成果表明，分形维数是一个表述复杂性的定量参数，可以起到连接材料微观结构与宏观性能之间的桥梁作用，有望成为指导材料设计的定量指标[14,15]。

3.2.1　分形理论概述

分形理论是一种变换测量尺度的几何学，与我们日常学习中接触到的用来测量与计算规则图形的欧氏几何学不同，分形理论可以表征自然界复杂的、非线性的以及不规则的图形与分布状态，并能够表征不规则图形的复杂程度，为几何学的研究开辟了新的领域。

对于测量蜿蜒曲折的海岸线长度的问题，欧氏几何的计算方法通常将其近似成平滑的曲线，计量曲线的长度；或者是近似成有限段的短直线进行近似计算。然而，当对海岸线进行较为精确的测量时，不难发现，当将海岸线的图像不断放大之后，海岸线中被隐匿的曲折线段就会不断被发现，因此计入的海岸线的长度就会越长。无限放大下去，像海岸线这样的曲线将无法被测出其真正的长度。

首先发现这个现象的是数学家 Mandelbrot，他于 1967 年在 *Science* 上发表了名为"英国的海岸线有多长"的文章，将分形的概念首次带入公众的视野。1975 年，Mandelbrot 正式提出了分形理论，并创立了分形几何学。

3.2.2　分形的特征

自相似性和标度不变性是分形理论研究的前提。一个系统的自相似性是指某种结构或过程的特征，无论是在不同的空间尺度还是在不同的时间尺度中都是相似的，或者某种系统、结构的局部性质、局部结构与整体是相似的。另外，系统的整体和整体之间或者部分和部分之间也同样可以存在自相似性。通过图 3.1 中典型的 Koch 雪花模型和 Sierpinski 三角形，可以更好地体会分形理论研究对象所具有的自相似性和标度不变性。

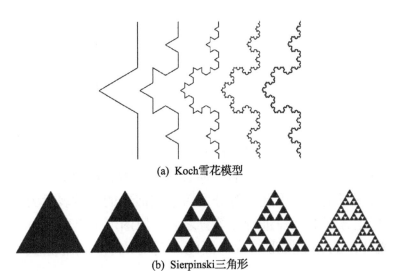

(a) Koch雪花模型

(b) Sierpinski三角形

图 3.1　分形几何图形

自相似性并不一定是简单地将局部图案放大之后与图案整体形状进行对比能够完全吻合，也可以是统计意义上的概念，图形从整体放大到局部，其外在表现形式可以发生变化，但是表征自相似性的定量指标——分形维数并不会随着图形的放大或者缩小而发生变化。

分形理论中的标度不变性实质是描述变化测量尺度之后图形的形态特征的相似程度。将分形图形上的一个局部区域进行放大，此时将放大后的局部图案与整体分形图形进行比较，如果具有相同的形态特征，即认为该图形具有标度不变性。因此，对于具有分形特征的图形，不管怎样变换其测量尺度，图形的复杂程度及形态等特征均保持不变。

自相似性和标度不变性作为分形理论的研究前提，凡是要运用分形理论进行分析的图形均应该具备此特性。也就是说，凡是具有自相似性以及标度不变性的图形，均可以使用分形理论的研究方法，采用分形维数来定量评价或者表征此图形。

3.2.3 分形维数

分形维数又称为分维，是分形理论研究中的重要参数和定量表征。维数的概念在数学中并不陌生，在欧氏几何的领域也存在，并且欧氏几何中图形的维数可以看成分形维数的特例。在欧氏几何中，维数（又称为自由度）表示为确定空间中一个点所需要的独立坐标的数目。因此，需要通过一个坐标来确定一个点位于直线上的位置，即此时点的维数为 1；需要通过两个坐标来确定一个点位于平面上的位置，即此时点的维数为 2；需要通过三个坐标来确定一个点位于立面上的位置，即此时点的维数为 3。如图 3.2 所示，分别将具有维数为 1、2、3 的直线、正方形以及立方体图形进行等分分割，不难发现：

（1）将直线进行 n 等分之后，原直线可以被看成由 n 个把全体分成 $1/n$ 的相似图形组成。因此 n 等分之后，相似形的个数表示为 n^1。

（2）将正方形的边长进行 n 等分之后，原图形可以看成由 $n \times n$ 个把全体分成 $1/n$ 的相似图形组成。因此 n 等分之后，相似形的个数表示为 n^2。

（3）将立方体的边长进行 n 等分之后，原图形可以看成由 $n \times n \times n$ 个把全体分成 $1/n$ 的相似图形组成。因此 n 等分之后，相似形的个数表示为 n^3。

由此可以看出，相似形个数的表达式中等分份数 n 的指数 1、2、3 分别与图形的维数是相一致的。因此，一般来讲，如果几何图形是由把全体缩小 $\dfrac{1}{a}$ 的 a^X 个相似图形构成的，该指数 X 便具有该几何图形维数的意义。

因此，如果存在一个图形是由全体缩小 $\dfrac{1}{a}$ 的 b 个相似图形所组成，即 $b = a^X$，那么该图形的维数 X 可以表示为

$$X = \frac{\ln b}{\ln a} \tag{3.4}$$

特别指出，按照定义来看，X 并不一定是整数，当维数 X 是小数时，该维数则表示分形维数。

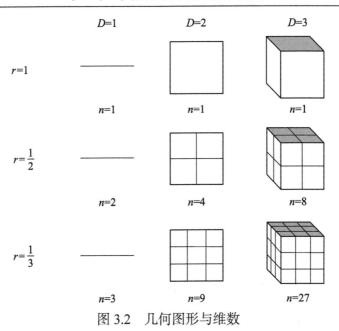

图 3.2　几何图形与维数

在分形计算中,分形维数的定义通常采用尺度 δ 来测量计算的设想,只计入尺度大于 δ 的图形中的局部区域,并且查看 $\delta\rightarrow0$ 时, 这些测量值的变化。因此, 分形维数常常用下面的方法进行描述。

设有一条长度为 L 的直线,若用长度为 r 的尺度进行测量,测量的结果是 N, 便可以说这条线段有 N 个 r 的长度。显然, N 的取值与所使用的测量尺度 r 具有一定的数值关系,可表示为

$$N(r)=\frac{L}{r}\propto r^{-1} \tag{3.5}$$

同理,当测量的图形是面积为 A 的平面时,采用边长为 r 的单位小正方形来量度, 便能够得到确定的 N 值,即单位小正方形的个数。因此, 图形面积 A 与测量尺度 r 的关系为

$$N(r)=\frac{A}{r^2}\propto r^{-2} \tag{3.6}$$

如果采用边长为 r 的小立方体去测量体积为 V 的立方体的体积,则测量结果中体积 V 与测量尺度 r 的关系为

$$N(r) = \frac{V}{r^3} \propto r^{-3} \tag{3.7}$$

因此，根据式 (3.5)~式 (3.7) 的表述，可以总结出如下结论：任何一个几何图形，当其维数为确定值时，使用与其同维数的测量尺度图形来量度，则有与其相对应的测量个数的数值 N。因此，N 与 r 可以建立如下关系：

$$N(r) \propto r^{-X} \tag{3.8}$$

对式 (3.8) 两边同时取自然对数，通过整理计算后可得到维数的表达式为

$$X = \frac{\ln N(r)}{\ln \frac{1}{r}} \tag{3.9}$$

显然，维数 X 值不完全是整数，也可能是小数。在欧氏几何中，讨论的几何体均是光滑平整的，因此维数 X 值均取整数。由此可以认为，欧氏几何中的维数是分形维数的特例。但是自然界中各种事物的形态变化不一，并不都呈现出平整连续的状态，因此其维数就可能为小数。通常将维数不是整数的图形称为分形，把其对应的 X 值称为分形维数，简称分维。

对于提到的海岸线长度的问题，引入分形维数的概念就可以很好地定量评价其长度值。因此，与海岸线类似的分形的线状图形，其长度值均可用式 (3.10) 进行衡量。

$$L = L(r) = L_0 \left(\frac{r}{L_0} \right)^{1-X} \tag{3.10}$$

式中，L_0 为分形曲线近似为整形图形时的长度；X 为分形维数，且为 $\geqslant 1$ 的数。

由式 (3.10) 可知，当 $X=1$ 时，即 $L=L_0$，此时该曲线是光滑的，不具有分形特性，因此曲线长度与整形时长度相同。当测量尺度 $r=L_0$ 时，

只能观测到 $\geqslant L_0$ 的图形，测量的曲线长度 $L=L_0$。

同理，如果表征的分形图形不是一条曲线，而是位于二维平面或者三维空间的图形，因此式 (3.10) 可以推广成如下形式：

$$A(r) = A_0 \left(\frac{r}{r_{\max}} \right)^{E-X} \tag{3.11}$$

式中，E 为图形对应的整形维数，当 $E=0$ 时，A 和 r 对应的是点数，当 $E=1$ 时，A 和 r 对应的是长度，当 $E=2$ 时，A 和 r 对应的是面积，当 $E=3$ 时，A 和 r 对应的是体积；A_0 为图形为整形时对应的 A 值；$r_{\max}$ 为最大的测量尺度；X 为分形维数。

3.2.4　矿料级配的分形

集料粒径分布为分形，则对应的沥青混合料的质量、空隙率、毛体积等也是空间意义上的分形，且整形维数为 $E=3$，因此根据式 (3.11) 可得到毛体积的分形表达式为

$$V(r) = V_0 \left(\frac{r}{r_{\max}} \right)^{3-X} \tag{3.12}$$

式中，$V(r)$ 为粒径不大于 r 的集料颗粒的毛体积；V_0 为所有集料的毛体积。

对式 (3.12) 求导得

$$\mathrm{d}V(r) = V_0 \left(\frac{1}{r_{\max}} \right)^{3-X} (3-X) r^{2-X} \mathrm{d}r \tag{3.13}$$

定义粒径小于 r 集料的质量为 $M(r)$，则有

$$M(r) = \int_{r_{\min}}^{r} \rho \mathrm{d}V(r) = \int_{r_{\min}}^{r} \rho V_0 \left(\frac{1}{r_{\max}} \right)^{3-X} (3-X) r^{2-X} \mathrm{d}r = \rho V_0 \frac{r^{3-X} - r_{\min}^{3-X}}{r_{\max}^{3-X}} \tag{3.14}$$

当 $r = r_{\max}$ 时

$$M\left(r_{\max}\right)=\rho V_0\frac{r_{\max}^{3-X}-r_{\min}^{3-X}}{r_{\max}^{3-X}}=M_Z=集料总质量 \tag{3.15}$$

定义集料的质量分布函数为

$$P\left(r\right)=\frac{M\left(r\right)}{M\left(r_{\max}\right)}=\frac{\rho V_0\dfrac{r^{3-X}-r_{\min}^{3-X}}{r_{\max}^{3-X}}}{\rho V_0\dfrac{r_{\max}^{3-X}-r_{\min}^{3-X}}{r_{\max}^{3-X}}}=\frac{r^{3-X}-r_{\min}^{3-X}}{r_{\max}^{3-X}-r_{\min}^{3-X}} \tag{3.16}$$

当 $r_{\min}^{3-X}\rightarrow0$ 时，式 (3.16) 变为

$$P\left(r\right)=\frac{r^{3-X}}{r_{\max}^{3-X}}=\left(\frac{r}{r_{\max}}\right)^{3-X} \tag{3.17}$$

通过百分率公式即为

$$P_i=\left(\frac{d_i}{D}\right)^{3-X}\cdot P_0 \tag{3.18}$$

3.2.5　分形级配理论与现有级配理论之间的关系

基于矿料级配的分形结果，可建立分形级配理论与现有级配理论之间的关系[16,17]。

1. 与 n 法的关系

由 n 法式 (2.4) 可得，$3-X=n$，即 $X=3-n$。由此可以看出，n 法级配理论的级配计算公式是分形级配理论的特例。

2. 与 i 法的关系

由 i 法式 (2.30) 两边取对数可得

$$\lg P_x=\lg100+\left(x-1\right)\lg i=2+3.3219\lg\frac{D}{d_x}\cdot\lg i \tag{3.19}$$

式 (3.19) 也可以写为

$$\lg P_x = 2 - 3.3219 \cdot \lg i \cdot \lg \frac{d_x}{D} \tag{3.20}$$

因此，$3 - X = -3.3219 \lg i$，即 $X = 3 + 3.3219 \lg i$。由此可以看出，林绣贤先生的 i 法实际上也是集料级配分形理论的另一种表达方式。

3. 与 k 法的关系

由 k 法式(2.12)两边取对数，可以求得

$$\lg P_i \propto \lg k \cdot 3.3219 \lg \frac{D}{d_i} = -3.3219 \cdot \lg k \cdot \lg \frac{d_i}{D} \tag{3.21}$$

因此，$3 - X = -3.3219 \lg k$，即 $X = 3 + 3.3219 \lg k$。

k 法实际上也是集料级配分形的另一种表达方式，在 k 法的计算推导中，要求粒径呈 1/2 递减，而分形级配理论没有此要求。

4. 与粒子干涉理论的关系

由粒子干涉理论公式(式(3.3))两边取对数可得

$$\lg P_i = \lg \left[\left(1 - \psi_a\right)^{3.3219 \lg \frac{D}{d_i}} \right] = -3.3219 \cdot \lg \left(1 - \psi_a\right) \cdot \lg \frac{d_i}{D} \tag{3.22}$$

因此，$3 - X = -3.3219 \lg(1 - \psi_a)$，即 $X = 3 + 3.3219 \lg\left(1 - \psi_a\right)$。

由此可见，粒子干涉理论的级配计算公式也与分形级配理论有着本质上的联系。

5. 与贝雷法的关系

连续级配的分形特征和间断级配的分形特征是不一样的，连续级配用一个分形维数即可表征其级配特点，因此式(3.17)仅适用于连续级配的计算。对于间断级配，由于粗细集料分界点(sieve of dividing coarse and fine，DCF)处呈二维分形，要用 2 个分形维数才能表征，即对于间断级配需要分段计算。粒径尺寸范围为 $(r_{\min}, r_{\mathrm{DCF}})$ 的为细集料一段，粒径尺寸范围为 $(r_{\mathrm{DCF}}, r_{\mathrm{NMPS}})$ 的为粗集料一段。其中，r_{DCF} 为粗细集料分界点处的粒径尺寸，mm；r_{NMPS} 为公称最大粒径尺寸，mm。两段级配分别

用式(3.17)进行求解，并使其在粗细集料分界点处的值保持连续，在此条件下得到间断级配集料的粒径分布的分形模型为($r_{min}^{3-X} \rightarrow 0$)

$$
\begin{cases}
P = \left(\dfrac{r}{r_{NMPS}} \right)^{3-X_c} \cdot P_0, & r_{DCF} \leqslant r \leqslant r_{NMPS} \\
P = \left(\dfrac{r}{r_{DCF}} \right)^{3-X_f} \cdot \left(\dfrac{r_{DCF}}{r_{NMPS}} \right)^{3-X_c} \cdot P_0, & r < r_{DCF}
\end{cases}
\tag{3.23}
$$

式中，X_c 为粗集料粒径分布分形维数；X_f 为细集料粒径分布分形维数；P_0 为公称最大粒径通过百分率，%。

根据式(3.23)，贝雷法中的各参数与分形维数之间可以建立如下关系。

根据贝雷法对粗细集料分界点的定义可知，$r_{DCF}=r_{PCS}=0.22r_{NMPS}$，则有

$$
P_{\frac{r_{NMPS}}{2}} = \left(\frac{\frac{r_{NMPS}}{2}}{r_{NMPS}} \right)^{3-X_c} \cdot P_0 = 0.5^{3-X_c} P_0
\tag{3.24}
$$

$$
P_{PCS} = \left(\frac{r_{DCF}}{r_{NMPS}} \right)^{3-X_c} \cdot P_0 = 0.22^{3-X_c} P_0
\tag{3.25}
$$

则式(2.37)可整理为

$$
CA = \frac{P_{\frac{r_{NMPS}}{2}} - P_{PCS}}{100\% - P_{\frac{r_{NMPS}}{2}}} = \frac{0.5^{3-X_c} P_0 - 0.22^{3-X_c} P_0}{100\% - 0.5^{3-X_c} P_0}
\tag{3.26}
$$

可以看出，CA 比实际上是粗集料粒径分布分形维数 X_c 和公称最大粒径通过百分率 P_0 的函数。

而

$$
P_{SCS} = \left(\frac{r_{SCS}}{r_{DCF}} \right)^{3-X_f} \cdot \left(\frac{r_{DCF}}{r_{NMPS}} \right)^{3-X_c} \cdot P_0 = 0.22^{6-X_c-X_f} P_0
\tag{3.27}
$$

$$P_{\text{TCS}} = \left(\frac{r_{\text{TCS}}}{r_{\text{DCF}}}\right)^{3-X_{\text{f}}} \cdot \left(\frac{r_{\text{DCF}}}{r_{\text{NMPS}}}\right)^{3-X_{\text{c}}} \cdot P_0 = \left(0.22 \times 0.22\right)^{3-X_{\text{f}}} \cdot 0.22^{3-X_{\text{c}}} \cdot P_0 \quad (3.28)$$

则式 (2.38) 和式 (2.39) 可整理为

$$\text{FA}_{\text{c}} = \frac{P_{\text{SCS}}}{P_{\text{PCS}}} = \frac{0.22^{6-X_{\text{c}}-X_{\text{f}}} P_0}{0.22^{3-X_{\text{c}}} P_0} = 0.22^{3-X_{\text{f}}} \quad (3.29)$$

$$\text{FA}_{\text{f}} = \frac{P_{\text{TCS}}}{P_{\text{SCS}}} = \frac{\left(0.22 \times 0.22\right)^{3-X_{\text{f}}} \cdot 0.22^{3-X_{\text{c}}} \cdot P_0}{0.22^{6-X_{\text{c}}-X_{\text{f}}} P_0} = 0.22^{3-X_{\text{f}}} \quad (3.30)$$

因此，FA_{c} 比和 FA_{f} 比的本质是一样的，它们都是细集料粒径分布分形维数 X_{f} 的函数。由以上分析可知，从分形级配理论的角度看，贝雷法的三个参数都是粗细集料粒径分布分形维数的函数，其值与分形维数在本质上是统一的。

至此可知，分形理论与传统级配理论之间存在内在联系，现将其参数取值列于表 3.1。

表 3.1　传统级配理论参数对应的分形维数区间值

参数	取值范围	分形维数 X
n	0.3～0.7	2.3～2.7
i	0.64～0.7	2.36～2.49
k	0.65～0.8	2.38～2.68

3.3　主骨料空隙填充法

作为主骨料的粗集料是矿料嵌挤性能的保证，用来填充主骨料紧密堆积的空隙的细集料、矿粉、沥青和设计空隙率应该以不超过 VCA_{DRC} 的体积为标准，将这样的设计方法称为主骨料空隙填充 (course aggregate void filling，CAVF) 法[18]。

CAVF 法要求细集料颗粒和沥青胶浆均不能对粗集料的嵌挤结构造成干涉。由此，假定粗集料、细集料、矿粉、沥青的质量分数分别为 q_{c}、q_{f}、q_{p}、q_{b}，则粗集料松装间隙率 VCA 及沥青混合料设计目标空隙率 VV 之间满足：

$$q_{c} + q_{f} + q_{p} = 100\% \tag{3.31}$$

$$\frac{q_{c}}{\rho_{sc} \times 100\%}(VCA - VV) = \frac{q_{f}}{\rho_{tf}} + \frac{q_{p}}{\rho_{tp}} + \frac{q_{b}}{\rho_{b}} \tag{3.32}$$

式中，ρ_{tf}、ρ_{tp} 分别为细集料与矿粉的表观密度，g/cm^3；ρ_{b} 为沥青的密度，g/cm^3。

式(3.32)中，ρ_{sc}、ρ_{tf} 和 ρ_{tp} 经试验测定得到，VCA 由式(1.9)计算得到，根据经验预估 q_{p} 和 q_{b}，按照设计目标确定 VV，求解得出粗集料质量分数 q_{c} 和细集料质量分数 q_{f}，继而合成矿料级配曲线。

与贝雷法一样，CAVF 法的提出一定程度上削弱了传统级配设计方法的经验性，为矿料级配设计提供了一种理论方法，但仍需进一步完善。首先，VCA 的试验测定方法有待优化，根据张肖宁教授的试验结果（表 3.2），不同的压实方式测定的 VCA 结果不同，因此确定一个适宜的 VCA 测定方法至关重要；其次，实测空隙率与设计空隙率间存在差异，一个合理的修正方法也是必要的。另外，有待提出与 CAVF 法相应的级配验证指标与方法、粗细集料的划分标准和体积指标的控制方法等。

表 3.2　不同试验方法测定的 VCA 结果

试验方法	捣实法	马歇尔击实 100 次	SGC 75 次
VCA/%	41.7	42.3	33.1
VCA$_{mix}$/%	38.9	40.1	30.9

注：SGC(Superpave gyratory compactor)为旋转压实仪。

3.4　多碎石沥青混凝土级配设计方法

多碎石沥青混凝土(stone asphalt concrete，SAC)法是由沙庆林院士提出的一种矿料级配设计方法，该法将矿料分为三部分：粗集料、细集料和填料。该法将粗细集料的分界尺寸统一确定为 4.75mm，这有别于贝雷法。对于粗集料部分，其级配曲线应该由具有较大幂值的幂函数来描述，而用于填充空隙的细集料部分应具有较高的密实度，所以与其相对应的级配曲线应该由具有较小幂值的幂函数表述，以上两段不同幂值级配曲线连接在一起组成一条完整的断级配曲线。计算时只要设定出三个控制筛孔(公称最大粒径、4.75mm 和 0.075mm)的通过量，利用式(3.33)可求得初试级配[19]。

$$P_i = A \left(\frac{d_i}{D_{max}} \right)^B \tag{3.33}$$

式中，d_i 为筛孔尺寸，mm；P_i 为筛孔尺寸 d_i 的通过百分率，%；D_{max} 为矿料的最大粒径，mm；A、B 为系数。

对于粗集料级配，首先确定公称最大粒径和 4.75mm 筛孔的通过百分率，文献中建议其取值分别为 100%和30%，将点 (d_{max}, P_{max}) 和 (4.75, $P_{4.75}$) 代入式(3.33)，求出系数 A 和 B。其中，P_{max} 为公称最大粒径筛孔的通过百分率，%；$P_{4.75}$ 为 4.75mm 筛孔的通过百分率，%；d_{max} 为公称最大粒径筛孔尺寸，mm。

细集料级配计算公式与粗集料级配计算公式相同，首先确定 4.75mm 和 0.075mm 筛孔的通过百分率，文献中建议其取值分别为 30% 和 4%～10%，将点 (4.75，$P_{4.75}$) 和 (0.075，$P_{0.075}$) 代入式(3.33)，求出系数 A 和 B。其中，$P_{0.075}$ 为 0.075mm 筛孔的通过百分率，%，其余参数与上述相同。

按照求出的粗、细集料级配计算公式计算各档集料通过百分率，并绘制级配曲线图。最后，将粗、细两条级配曲线相连接即可得到初试级配。

SAC 法设计的沥青混合料级配组成的理论依据与 CAVF 法一致，即捣实状态下的粗集料空隙由细集料、填料、沥青和设计空隙率组成。不同的是，SAC 法将 4.75mm 确定为粗细集料的分界筛孔，给出了粗级配和细级配两部分各自的计算公式，优化粗集料密度采用毛体积密度进行计算，并采用 VCA$_{DRF}$ 法[20]或 VCA$_{AC}$ 法[21,22]进行矿料级配检验，比 CAVF 法完善，理论性更强。

第二篇　基于 GB5 的多级迭代级配设计理论研究

第 4 章　基于骨架嵌挤原理的级配设计方法研究

法国 GB5 型沥青混合料以消除干涉效应对矿料间隙率的影响为设计目标，基于集料嵌挤理论确定不同粒径集料用量，进而形成单间断或双间断级配的密实骨架嵌挤结构，此类矿料级配与改性沥青拌和形成高性能沥青混合料，具有密实度大、劲度模量高和抗疲劳性能好的特点，有助于减薄沥青路面厚度、提高沥青路面使用寿命。

法国 GB5 型沥青混合料是基于骨架嵌挤原理设计出来的一种混合料，该理论要求相邻两档集料粒径比不大于 0.2，导致其只能应用于公称最大粒径为 9.5mm 及以下的沥青混合料设计。为此，本章在总结借鉴法国 GB5 型沥青混合料设计原理的基础上，对其进行了系统研究和改进，并提出新的设计方法，以期扩大其应用范围[23]。

4.1　集料嵌挤理论

基于骨架嵌挤原理的沥青混合料设计方法(GB5 型沥青混合料)采用的集料嵌挤理论方法最初由 Caquot 在 1937 年提出，在水泥混凝土领域进行了应用；20 世纪 70 年代后期，研究者在其基础上进行了丰富发展。后来，该理论方法由 Perraton 在 2007 年转化应用到沥青混合料领域，2010 年，Olard 与 Perraton 共同对其进行完善并形成一套完整的沥青混合料设计体系。

Caquot 提出，不同单一粒径的两种集料间存在边界效应和干涉效应，这两类相互作用影响集料空隙指数的大小(空隙指数用 e 表示，为矿料空隙体积与固体颗粒实体体积之比)，具体情况如下。

4.1.1　边界效应

边界效应与集料间的空隙及集料和集料接触产生的边界形式(管状

和板状等)有关。两种平均粒径不同的集料混合时,考虑往无限大体积的细集料中逐渐加入粗集料,该混合料的空隙指数将会减小。细集料中加入了粗集料后,扰乱了细集料固有的排列方式,导致粗细集料边界处细集料的空隙率增加,造成粗细集料混合后的交界面处空隙指数增大。Caquot 和 Chanvillard 指出,交界面处空隙率的增加与加入粗集料的表面积呈线性比例关系。边界效应示意图如图 4.1 所示。

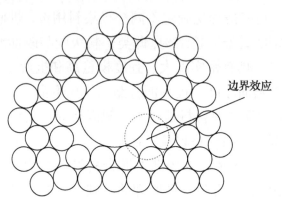

图 4.1　边界效应示意图

两种集料混合过程中,开始阶段细集料占据混合料主导地位,粗集料悬浮于细集料中,随着混合料中粗集料含量的不断增加,粗集料颗粒间开始互相接触,粗集料含量继续增加,粗集料颗粒间形成两两接触的结构形式,粗集料开始占据混合料的主导地位,粗集料颗粒从开始接触到最终形成两两接触的过程中存在某一确定点,此时细集料成为填充由粗集料形成的空隙的填料。随着粗集料的继续增加,除存在边界效应的影响外,细集料的空隙指数会由于干涉效应的存在而增大,细集料的排列不仅依赖于粗集料边界的表面积,还依赖于粗集料的实际排列情况,即由粗集料所形成空隙的形状。

4.1.2　干涉效应

干涉效应是指往无限大体积的粗集料中不断加入细集料,随着细集料含量的不断增加,粗集料颗粒间被迫分离,其空间结构发生改变。干涉效应示意图如图 4.2 所示。

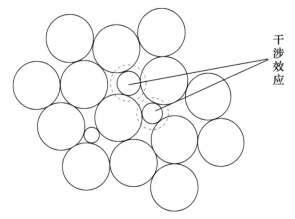

图 4.2　干涉效应示意图

另外，1982 年，Baron 和 Sauterey 研究发现，细集料的平均粒径相对粗集料的平均粒径足够小（$d_{细集料}$ / $d_{粗集料}$ ≤ 0.2）时，边界效应满足线性叠加原理，而干涉效应不能通过线性叠加原理简单描述。

图 4.3 为边界效应和干涉效应图解。图中，F 为细集料空隙指数，指集料全部是细集料时的最大空隙指数；C 为粗集料空隙指数，指集料全部是粗集料时的最大空隙指数；e 为空隙指数，为矿料空隙体积与固体颗粒实体体积之比；p 为粗集料比例，指粗集料占粗集料和细集料之

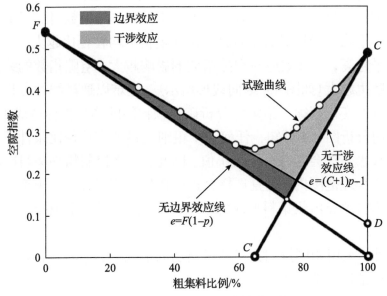

图 4.3　边界效应和干涉效应图解

和的比例，用公式 $p = \dfrac{c}{c+f}$ 描述，f 为细集料矿料实体体积，c 为粗集料矿料实体体积，$f+c=1$。

无边界效应线指集料中随着粗集料的变化，未形成边界效应的细集料空隙指数的变化，表达为

$$e = F\frac{f}{c+f} = F(1-p) \tag{4.1}$$

无干涉效应线指集料在细集料未对粗集料形成干涉前空隙指数大小的变化，表达为

$$e = C\frac{c}{c+f} - \frac{f}{c+f} = (C+1)p-1 \tag{4.2}$$

试验曲线指在实际试验过程中集料空隙指数随着粗细集料的变化曲线。

4.2 集料粒径比对矿料空隙指数的影响

美国研究者 Furnas、Powers 和法国研究者 Oger 通过变换粗细集料粒径比和粗集料在矿料中的比例试验，证明了空隙指数对二元混合料中粗细集料平均粒径比具有依赖性，粗细集料平均粒径比越大，矿料空隙指数水平越高，干涉效应对空隙指数的影响越大，空隙指数的线形变化偏离程度也越大（如图 4.4 纵向线形所示），越难以通过线性方程来描述空隙指数的变化规律，给定量分析矿料颗粒间的体积指标造成困难。

横向分析图 4.4 可知，任何一个粗细集料平均粒径比条件下，矿料空隙指数水平都会存在一个最小值。因此，严格控制粗细集料的粒径比处于一个合理范围内，并且选择合适的粗集料用量比例，用细集料代替中间级集料填充由粗集料形成的空隙，可以使矿料的空隙指数水平降到最低。

另外，采用相同排列方式和压实功的情况下，集料颗粒越粗，其形成的矿料结构空隙越大。

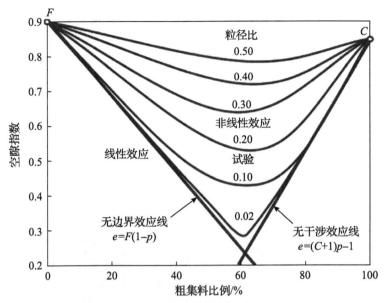

图 4.4　粗细集料平均粒径比对二元混合料空隙指数的影响

4.3　GB5 矿料嵌挤结构分析

4.3.1　矿料嵌挤理论

1982 年，Baron 提出在二元混合料中，当一种集料平均粒径相对于另一种集料非常小（$d_{细集料}/d_{粗集料} \leqslant 0.008$）时，可以通过三条直线来描述二元混合料空隙指数随粗集料占比的变化规律，并定义临界值 P_x 和 P_t 分别为消除边界效应和干涉效应对空隙指数影响的临界点。图 4.5 为 Baron 提出的三条直线方程图解。图中，P_x 为二元集料混合时，不对细集料颗粒自身密实排列产生影响的能掺入的粗集料最大比例；P_t 为二元集料混合时，不影响粗集料颗粒形成最密实嵌挤排列可掺入细集料最大用量时的粗集料比例；D 为边界效应系数；E 为无明确物理含义的参数。

根据矿料中细集料比例的相对大小，定义二元混合料空隙指数随粗集料比例变化的关系，见表 4.1。

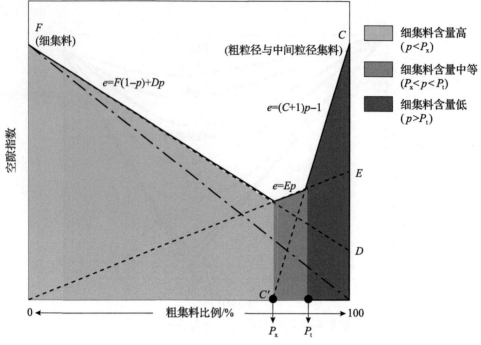

图 4.5　空隙指数与粗集料比例关系图解

表 4.1　空隙指数与粗集料比例的关系

序号	细集料用量	粗集料比例 p	方程式
1	高	$p < P_x$	$e = F(1-p) + Dp$
2	低	$p > P_t$	$e = (C+1)p - 1$
3	中	$P_x < p < P_t$	$e = Ep$

4.3.2　多级迭代级配设计方法

由前述可知，矿料骨架结构的形成需要消除细集料干涉效应的影响。根据 Furnas 的研究成果（图 4.4），将矿料按集料粒径相对大小分为细集料、中集料和粗集料三部分。其中，中集料与粗集料的粒径比应小于等于 0.2，细集料与中集料的粒径比也应小于等于 0.2，即相邻两档集料的平均粒径比均小于等于 0.2。控制粗细集料粒径比的大小，本质是让矿料形成具有一定强度且密实度较大的骨架结构。

贝雷法级配设计方法中的关键是提出了具体的粗细集料划分标准，

定义了相应的三个控制筛孔，第一控制筛孔尺寸 $r_{PCS}=0.22r_{NMPS}$，将集料分为粗集料和细集料；粗细集料的分界点以下的细集料被划分成粗、细两个部分，即第二控制筛孔 SCS，其中 $r_{SCS}=0.22r_{PCS}$；细料的较细部分按照此方法再分为两部分，其分界点为第三控制筛孔 TCS，其中 $r_{TCS}=0.22r_{SCS}$。此处的系数 0.22 是一个经验值，综合考虑集料颗粒间以平面和圆面接触的四种情况，取其平均值。林绣贤先生为了方便应用，按系数 0.25 进行计算。

　　GB5 型沥青混合料多级迭代级配设计方法如下：根据所设计矿料的公称最大粒径及其所含集料粒径种类(n)，分 $n-1$ 步进行迭代设计，每一步迭代设计需采用 6 组旋转压实试验来确定各粒径集料的最佳配比，其中，每组旋转压实包含 3 次平行试验，每次压实 20 次。即每一步设计都要对相应集料组成的矿料在 $p=0\%$、40% 和 100% 处各做 3 组旋转压实试验来确定如图 4.6 所示的三个直线方程，求出 P_t 值。其中，根据沙庆林院士的研究[24]，SAC 系列矿料级配共分三种结构类型：一般骨架密实结构、疏松骨架密实结构和悬浮密实结构，与其相对应的粗集料比例分别是 65%、60% 及小于 59%。因此，同为骨架密实型级配的 GB5 型沥青混合料中粗集料比例为 40% 时，粗集料悬浮在细集料中，矿料颗粒间只发生边界效应，对于求无边界效应方程(方程 1)，$p=40\%$ 是"安全点"。

　　在临界值 P_t 处进行 1 组旋转压实试验，鉴于集料 P_t 点处拟确定为集料形成嵌挤密实结构的关键点，增加 $P_t\pm3\%$ 两处进行 2 组旋转压实试验来对临界值 P_t 进行敏感性分析。如果需要，可在 P_t 附近取多点进行验证，也可验证 P_x 点处实际空隙指数进行敏感性分析确定。临界值 P_t 的确定流程如图 4.7 所示。对于粗、中、细三类集料，则需要如下两步设计过程。

　　第一步：把中集料看成细集料，将其与粗集料按 Baron 的方法经旋转压实确定临界值 P_{t1}(粗集料用量比例)，即中集料用量比例为 $1-P_{t1}$。

　　第二步：把上一步确定最佳用量比的中、粗集料看成新粗集料，将其与细集料再经旋转压实确定临界值 P_{t2}，最终确定细集料、中集料和粗集料的最佳配比。

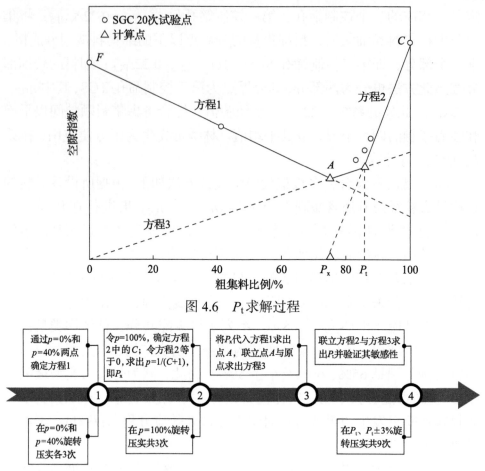

图 4.6 P_t 求解过程

图 4.7 临界值 P_t 的确定流程

4.3.3 GB5 型混合料多级迭代级配设计方法分析

1. 旋转压实次数和压实所用集料体积的确定

矿料的不同空间排列方式主要取决于其受力方式和压实功的影响，为了模拟现场真实压实效果，试验采用旋转压实仪（SGC），旋转压实仪的垂直压力与旋转角的结合会产生水平方向的推移，与捣实试验相比，SGC 对集料嵌挤结构的形成更为有利。SGC 的参数为：垂直压力 600kPa，有效内旋转角 1.16°，旋转速率 30r/min。通过控制压实次数，读取压实后矿料高度求得矿料空隙指数。特别注意，旋转压实干燥集料试验的装料过程中应采用分层装填以避免产生离析现象。

粗集料颗粒的棱角特性比细集料颗粒更加明显，不加黏结剂的情况下，旋转压实过程中更容易被压碎，为保证集料整体的压实效果，选择 10～15mm 粗集料 1000cm³ 进行试压来确定合适的旋转压实次数，在压实过程中不可避免会造成集料颗粒出现破碎现象，最大压实次数为维持破碎集料在较低水平数量并保证集料颗粒间达到一定嵌挤程度的压实次数。

试验研究分别对集料旋转压实 10 次、20 次和 30 次，取压实后的集料进行筛分试验，各筛孔通过百分率见表 4.2。旋转压实不同次数后的集料如图 4.8～图 4.10 所示。

表 4.2　压实后集料筛分试验各筛孔通过百分率　　（单位：%）

旋转压实次数	筛孔尺寸/mm									
	16	13.2	9.5	4.75	2.36	1.18	0.6	0.3	0.15	0.075
0	100	83.8	15.6	0.1	0.1	0.1	0.1	0.1	0.1	0.1
10	100	89.4	20.0	0.3	0.2	0.1	0.1	0.1	0.1	0.1
20	100	92.6	23.6	0.7	0.5	0.3	0.3	0.2	0.2	0.2
30	100	93.6	25.6	0.9	0.6	0.4	0.3	0.3	0.3	0.2

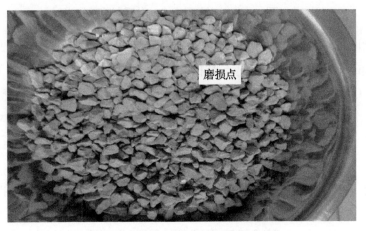

图 4.8　旋转压实 10 次后的集料

图 4.9　旋转压实 20 次后的集料

图 4.10　旋转压实 30 次后的集料

从图 4.8～图 4.10 可以看出，随着旋转压实次数的增加，磨损点也相应增加，刚性接触的情况下磨损不可避免。另外，由表 4.2 可知，旋转压实 10 次到 20 次的过程中，各档集料的通过百分率变化较大；旋转压实 20 次到 30 次的过程中，各档集料通过百分率变化趋势缩小，趋于稳定。综合考虑集料压实密度和集料破损情况，确定本试验旋转压实次数为 20 次。

固定旋转压实次数为 20 次，变换不同的集料压实体积，确定最佳压实体积。为避免因集料粒径不同而引起的试验差别，选取 10～15mm 和 0～3mm 两档集料分别进行压实试验，两档集料分别采用 5 个不同体积水平，粒径较大集料在较大固体体积情况下更能体现其空间分布特性，

10～15mm 集料的 5 个体积水平平均比 0～3mm 集料高出 200cm³，最终取与 5 次试验结果均值最接近的体积水平作为后期试验所需固体体积。试验结果见表 4.3 和表 4.4，集料空隙指数随压实集料固体体积的变化曲线如图 4.11 和图 4.12 所示。

表 4.3　10～15mm 集料不同固体体积的压实试验结果

固体体积 /cm³	压实后高度 /cm	压实后 总体积/cm³	空隙体积 /cm³	空隙指数	空隙率/%	空隙指数 均值
1000	9.50	1678.8	678.8	0.679	40.4	
1200	11.01	1945.6	745.6	0.621	38.3	
1400	12.89	2277.9	877.9	0.627	38.5	0.635
1600	14.71	2599.5	999.5	0.625	38.4	
1800	16.53	2921.1	1121.1	0.623	38.4	

表 4.4　0～3mm 集料不同固体体积的压实试验结果

固体体积 /cm³	压实后高度 /cm	压实后 总体积/cm³	空隙体积 /cm³	空隙指数	空隙率/%	空隙指数 均值
800	6.23	1100.9	300.9	0.376	27.3	
1000	7.83	1383.7	383.7	0.384	27.7	
1200	9.36	1654.0	454.0	0.378	27.5	0.376
1400	10.90	1926.2	526.2	0.376	27.3	
1600	12.35	2182.4	582.4	0.364	26.7	

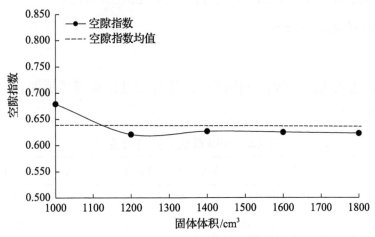

图 4.11　10～15mm 集料空隙指数随固体体积的变化曲线

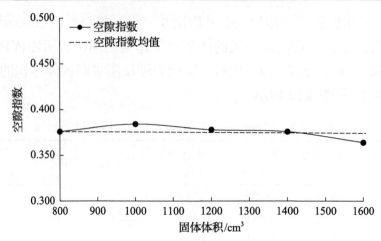

图 4.12　0～3mm 集料空隙指数随固体体积的变化曲线

从表 4.3、表 4.4 和图 4.11、图 4.12 可以看出，在此压实功的作用下，粗集料压实空隙指数均值和细集料压实空隙指数均值最接近的固体体积均为 1400cm³，具有较好的平行性。因此，取 1400cm³ 集料进行压实试验较为合理。

以法国 GB5 型沥青混合料设计方法为基础，运用骨架嵌挤原理，调整现有规范筛孔集料分档，严格控制相邻两档集料的平均粒径比，消除集料颗粒间干涉作用的影响以形成沥青混合料矿料骨架嵌挤结构，通过马歇尔法确定最佳沥青用量，最终成型 GB5-13 新型沥青混合料。同时采用同种集料成型 SMA-13 混合料进行相应的对比。

2. 材料选择与准备

1) 沥青

试验选用成品 SBS 改性沥青，并对其进行常规指标测定，其检测结果见表 4.5。

表 4.5　SBS 改性沥青检测结果

沥青	针入度(25℃，100g，5s)/0.1mm	软化点/℃	5℃延度(5cm/min)/cm
检测结果	45.3	75.8	32.9
技术要求	40～60	≥60	≥20

2) 集料

试验所用集料为济南某施工现场玄武岩，5 档集料分别为 0～
1.18mm、0～3mm、0～5mm、5～10mm、10～15mm，其中 0～1.18mm
为 0～3mm 中筛出，0～5mm 由 0～3mm 和 4.75mm 配制而来，矿粉为
石灰岩磨制，试验所用纤维稳定剂为木质素纤维，其密度为 1.5g/cm^3。
粗集料、细集料和矿粉的检测试验方法参照《公路工程集料试验规程》
(JTG E42—2005)进行，其物理力学指标严格按照《公路沥青路面施工
技术规范》(JTG F40—2004)相关要求执行。各档集料和矿粉的筛分试
验结果见表 4.6，其体积指标见表 4.7。

表 4.6　各档集料和矿粉各筛孔通过百分率　　（单位：%）

矿料类型		筛孔尺寸/mm									
		19	16	13.2	9.5	4.75	2.36	1.18	0.6	0.3	0.15	0.075
集料	10～15mm	100	99.7	83.8	15.6	0.8	0.8	0.8	0.8	0.8	0.7	0.7
	5～10mm	—	100	99.3	86.3	4.8	0.2	0.1	0.1	0.1	0.1	0.0
	0～5mm	—	—	—	100	97.0	60.3	43.7	27.6	16.3	10.7	7.1
	0～3mm	—	—	—		100	99.9	88.6	64.2	40.6	23.9	15.8	10.4
	0～1.18mm	—	—	—	—			100	99.8	63.1	37.0	24.5	16.0
矿粉		—	—	—	—	—	—	100	98.8	92.4	82.1	70.3

表 4.7　各档集料和矿粉体积指标

矿料类型		表观相对密度	毛体积相对密度	吸水率/%
集料	10～15mm	2.871	2.813	0.72
	5～10mm	2.837	2.819	0.66
	0～5mm	2.928	2.904	—
	0～3mm	2.919	2.900	—
	0～1.18mm	2.898	2.898	—
矿粉		2.727	—	—

3. GB5-13 混合料配合比设计

本次 GB5-13 混合料级配设计包含矿粉、0～1.18mm、0～5mm 和

10～15mm 四档矿料，由前述矿料级配设计方法可知，共需进行 3 步级配设计，实际压实集料固体体积为 1400cm³，计算矿粉平均粒径为 0.075mm，0～1.18mm 集料平均粒径为 0.449mm，0～5mm 集料平均粒径为 1.628mm，10～15mm 集料平均粒径为 11.366mm，迭代设计过程如下。

第一步迭代设计：10～15mm 为粗集料，0～5mm 为细集料。另外，$d_{细集料}/d_{粗集料}=0.143<0.2$，按照图 4.7 所示流程进行旋转压实，得到如下三个方程：

$$y_1 = -0.3661x + 0.4819$$
$$y_2 = 1.7419x - 1$$
$$y_3 = 0.4733x$$

（4.3）

式中，y_i 为矿料空隙指数；x 为粗集料比例。

联立方程 2 和方程 3，求得设计后的 P_t 值为 79%。设计过程如图 4.13 所示。

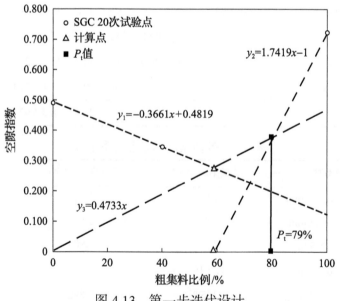

图 4.13　第一步迭代设计

第二步迭代设计：在第一步迭代设计的基础上进行，确定 79%的 10～15mm 集料和 21%的 0～5mm 集料为粗集料，0～1.18mm 集料为细集料。GB5 方法中相邻两档集料间的平均粒径比为 $d_{细集料}/d_{粗集料}=d_{0\sim1.18mm}/d_{0\sim5mm}=0.276>0.2$，略大于要求值，此时粗细集料间会产生一定程度的干涉作用，在按照流程求得 P_t 后，需进一步验证其敏感性；可分别对 $P_t\pm$ 0.3%进行进一步的设计和分析，如有必要，可进一步对 P_t 进行扩大范围敏感性分析，进而确定各档集料的比例。按照图 4.7 所示流程进行旋转压实，得到如下三个方程：

$$y_1 = -0.3219x + 0.4629$$
$$y_2 = 1.5197x - 1 \qquad (4.4)$$
$$y_3 = 0.3816x$$

联立方程 2 和方程 3 得到 P_t 为 87.9%，在该值附近取不同 p 值进行试验，最终取 P_t=83%。设计过程如图 4.14 所示。

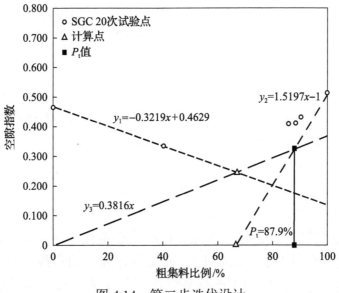

图 4.14　第二步迭代设计

第三步迭代设计：继第二步迭代设计后，确定 65.6%的 10~15mm 集料、17.4%的 0~5mm 集料和 17%的 0~1.18mm 集料为粗集料，矿粉为细集料。$d_{细集料}/d_{粗集料}=d_{矿粉}/d_{0~1.18mm}$=0.167<0.2，满足要求。按照图 4.7 所示流程进行旋转压实，得到如下三个方程：

$$y_1 = -0.3724x + 0.4642$$
$$y_2 = 1.3834x - 1 \qquad (4.5)$$
$$y_3 = 0.2698x$$

联立方程 2 和方程 3 得到 P_t 为 90%。设计过程如图 4.15 所示。

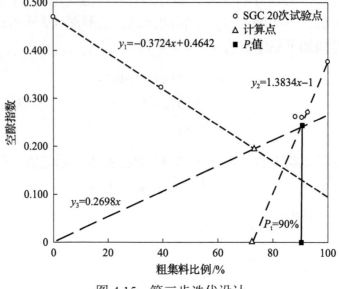

图 4.15　第三步迭代设计

经三步迭代设计后，确定 GB5-13 各档集料和矿粉体积配比如下。

(1) 10～15mm 集料：79%×83%×90%≈59%。

(2) 0～5mm 集料：21%×83%×90%≈15.7%。

(3) 0～1.18mm 集料：17%×90%=15.3%。

(4) 矿粉：100%−90%=10%。

为避免填料过多引起沥青混合料高温稳定性不足，保证混合料一定空隙率水平(不同于水泥混凝土)，并结合拌和厂的实践情况，对矿粉用量取 5%和接近设计值的 10%两种情况进行车辙试验，结果显示，前者比后者的高温性能高 42%。因此，暂将填料体积配比确定为 5%。

最后，借助质量体积关系式 $m=\rho V$，将经过三步迭代设计后确定的各档集料的体积配比转化为质量配比，即 10～15mm 集料:0～5mm 集料:0～1.18mm 集料:矿粉=62:17:16:5。

按照马歇尔级配中值逼近法选用三条级配曲线，分别进行马歇尔试验以确定 SMA-13 混合料级配组成，即 10～15mm 集料:5～10mm 集料:0～3mm 集料:矿粉=40:37:13:10。

另外，木质素纤维用量均为 0.3%。

4. 沥青混合料矿料级配分析

由上一节设计后的各档集料质量配比,得到两种沥青混合料矿料级配通过百分率和物理指标,分别见表 4.8 和表 4.9,合成级配曲线如图 4.16 所示。

表 4.8　两种沥青混合料矿料级配各筛孔通过百分率　（单位：%）

沥青混合料	筛孔尺寸/mm										
	19	16	13.2	9.5	4.75	2.36	1.18	0.6	0.3	0.15	0.075
规范上限	100	100	100	75	34	26	24	20	16	15	12
规范下限	100	100	90	50	20	15	14	12	10	9	8
GB5-13	100	99.8	90	47.7	38	31.7	28.9	20.2	13.8	10.3	7.7
SMA-13	100	99.9	93.3	61.2	25.1	21.9	18.7	15.5	12.7	10.6	8.7

表 4.9　两种沥青混合料矿料物理指标

沥青混合料	合成矿料表观相对密度	合成矿料毛体积相对密度	合成矿料有效相对密度	合成矿料吸水率/%	合成矿料粗集料比例/%	VCA_{DRC}/%	VCA_{mix}/%
GB5-13	2.878	2.837	2.870	0.49	62.02	47.09	44.02
SMA-13	2.859	2.815	2.850	0.55	74.92	42.06	36.25

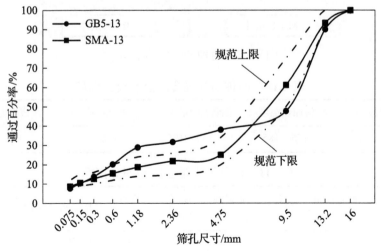

图 4.16　两种沥青混合料的合成级配曲线

从表 4.8 和图 4.16 可以看出，SMA-13 以 3～5mm 集料为间断档，骨架结构的形成依靠 5～10mm 和 10～15mm 两档集料，而 5～10mm 档集料难免会对 10～15mm 档集料的结构形成造成干涉。GB5-13 的间断档为 5～10mm，骨架结构的形成单靠 10～15mm 一档集料，其级配曲线上半部分稍低于规范下限，下半部分高于规范上限，粗中显粗，细中偏细，呈 S 型。

5. 沥青混合料马歇尔试验

采用马歇尔试验法确定两种沥青混合料的最佳沥青用量并成型试件。两种沥青混合料切面如图 4.17 所示，两种沥青混合料控制成型温度见表 4.10，测定其指标汇总于表 4.11。

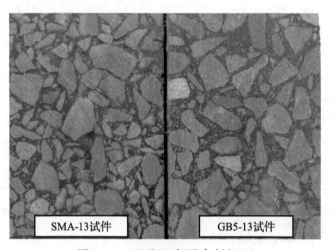

图 4.17　两种沥青混合料切面

表 4.10　两种沥青混合料控制成型温度

沥青	矿料加热温度/℃	沥青加热温度/℃	拌和温度/℃	成型温度/℃
SBS 沥青	175～185	165～175	170～180	165～175

表 4.11　两种沥青混合料的部分指标

沥青混合料	沥青质量分数/%	空隙率/%	矿料间隙率/%	沥青饱和度/%	密度/(g/cm³)	析漏/%	飞散/%	粉胶比 FB
GB5-13	5.4	3.2	15.3	79.1	2.539	0.029	2.36	1.539
SMA-13	6.0	3.9	17.3	77.5	2.476	0.018	2.51	1.613

从表 4.11 可以看出，GB5-13 混合料沥青质量分数比 SMA-13 混合料少 10%，矿料间隙率低于 SMA-13 混合料，沥青饱和度略高。总体而言，GB5-13 混合料相对于 SMA-13 混合料具有更高的密实度。

4.3.4　关于 P_t 点确定方法的探讨

P_t 点定义为混合料获得骨架密实结构的粗细集料最佳比例的控制点，而表 4.1 中通过联立方程 2 和方程 3 来求解 P_t 的物理意义较为模糊，参数 E 也没有明确的物理定义。因此，根据 GB5 型沥青混合料的设计理念，可以通过联立表 4.1 中方程 1 和方程 2 求得理论的 P_t 值，具体含义和分析如下。

粗集料形成的空隙指数为

$$e_1 = Cp \tag{4.6}$$

细集料形成的空隙指数为

$$e_2 = F(1-p) \tag{4.7}$$

粗集料和细集料形成的边界效应的空隙指数为

$$e_3 = Dp \tag{4.8}$$

当粗细集料之间恰好不存在干涉效应时，可以得出如下公式：

$$e_1 = e_2 + e_3 + (1-p) \tag{4.9}$$

将式 (4.6)～式 (4.8) 代入式 (4.9) 得

$$Cp = F(1-p) + Dp + (1-p) \tag{4.10}$$

求解式 (4.10) 得

$$p = \frac{1+F}{C+F+1-D} \tag{4.11}$$

即

$$p = P_t = \frac{1+F}{C+F+1-D} \tag{4.12}$$

式(4.12)即为 P_t 点准确的理论公式，通过该公式，可以不必求解表 4.1 中方程 3，整个求解过程简化为图 4.18。

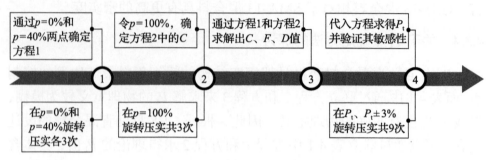

图 4.18 设计后的 P_t 求解流程

方程 1 为

$$e = F(1-p) + Dp = (D-F)p + F \tag{4.13}$$

由式(4.13)可知，$D-F$ 为方程 1 的斜率，F 为方程 1 的截距。D 和 F 由方程 1 即可求得。

方程 2 为

$$e = (C+1)p - 1 \tag{4.14}$$

由式(4.14)可知，$C+1$ 为方程 2 的斜率，由 100%粗集料试验即可获得 C 值。

以前面的工程实例进行计算，第一步迭代设计后，获得方程 1 和方程 2。

方程 1：

$$y_1 = -0.3661x + 0.4819 \tag{4.15}$$

方程 2：

$$y_2 = 1.7419x - 1 \tag{4.16}$$

则 $F = 0.4819$，$D-F = -0.3661$，求得 $D = 0.4819 - 0.3661 = 0.1158$；$C+1 = 1.7419$，求得 $C = 0.7419$。代入式(4.12)，可得

$$p = P_t = \frac{1+F}{C+F+1-D} = \frac{1+0.4819}{0.7419+0.4819+1-0.1158} \approx 70.3\% \tag{4.17}$$

结果略小于前面求得的 79%。

再以第二步迭代设计为例进行计算和验证（只是利用方程来进行验证，未利用第一步计算的 70.3%对级配进行调整）。

方程 1：

$$y_1 = -0.3219x + 0.4629 \tag{4.18}$$

方程 2：

$$y_2 = 1.5197x - 1 \tag{4.19}$$

求得 $F = 0.4629$，$D = 0.4629 - 0.3219 = 0.141$，$C = 0.5197$。代入式(4.12)，可得

$$p = P_t = \frac{1+F}{C+F+1-D} = \frac{1+0.4629}{0.5197+0.4629+1-0.141} \approx 79.4\% \tag{4.20}$$

与前面最终确定的 83%接近。

该求解过程本质是将无边界效应线和无干涉效应线交点作为 P_t 点，虽然比前面求得的值偏小一些，但其物理意义更清晰，求解过程更简单，且对后面的级配设计没有实质性影响。

4.4　基于 GB5 的新型级配设计方法

4.4.1　粗集料组成确定方法

在实际工程中，很难保证粗细集料间均满足平均粒径比小于 0.2 的要求，因此粗集料间不可避免地会产生干涉效应，为了发挥粗集料作为主骨料的嵌挤骨架作用，通过配制不同粗集料粒径、不同粗集料掺配比例的矿质混合料，以空隙指数来表征矿质混合料的密实程度、以加州承载比(California bearing ratio, CBR)试验来表征矿质混合料的力学性能，研究粗集料骨架形成的规律，提出粗集料组成确定方法。

工程中常用的粗集料有 10～20mm、10～15mm、5～10mm 三种规

格，公称最大粒径 19mm 的混合料常用的组合为 10～20mm 和 5～10mm，公称最大粒径 13.2mm 的混合料常用的组合为 10～15mm 和 5～10mm。因此，可以通过将 5～10mm 集料以不同比例填充到 10～20mm 集料和 10～15mm 集料中，研究粗集料混合料的空隙指数和 CBR 的变化规律，提出相应的粗集料组成设计方法。试验结果见表 4.12、图 4.19 和表 4.13、图 4.20。

表 4.12 10～15mm 与 5～10mm 集料混合物 CBR 和空隙指数的关系

10～15mm 集料比例/%	CBR/%	空隙指数
0	334	0.646
10	361	0.626
20	388	0.611
30	405	0.602
40	409	0.595
50	414	0.591
60	413	0.596
70	405	0.603
80	403	0.612
90	384	0.634
100	366	0.654

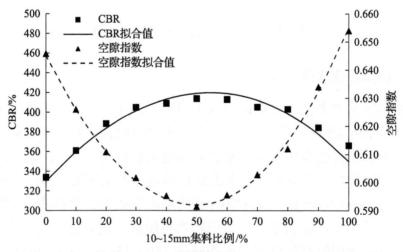

图 4.19 10～15mm 与 5～10mm 集料混合物 CBR 和空隙指数的关系曲线

由表 4.12 和图 4.19 可知，10～15mm 集料比例为 50% 左右时，矿质混合料空隙指数最小，10～15mm 集料比例为 55% 左右时 CBR 最大，由此说明在由 10～15mm 集料和 5～10mm 集料组成的矿质混合料中，两种集料共同形成嵌挤骨架结构，两者作用大致相同，且混合料的空隙指数与 CBR 极值点相近。

表 4.13　10～20mm 与 5～10mm 集料混合物 CBR 和空隙指数的关系

10～20mm 集料比例/%	CBR/%	空隙指数	空隙率/%
0	339	0.646	39.2
10	361	0.598	37.4
20	399	0.563	36.0
30	420	0.530	34.6
40	445	0.510	33.8
50	454	0.480	32.4
60	457	0.472	32.1
70	473	0.469	31.9
80	461	0.482	32.5
90	444	0.563	36.0
100	371	0.690	40.8

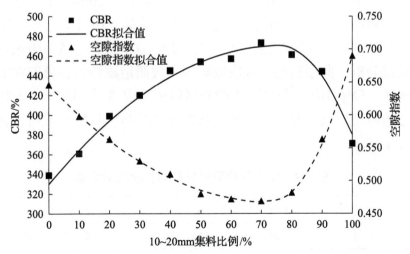

图 4.20　10～20mm 与 5～10mm 集料混合物 CBR 和空隙指数的关系曲线

由表 4.13 和图 4.20 可知，10～20mm 集料比例为 73% 左右时，矿质混合料空隙指数最小，10～20mm 集料比例为 75%左右时 CBR 最大，由此说明在由 10～20mm 集料和 5～10mm 集料组成的矿质混合料中，10～20mm 集料起主骨架作用。可以假定利用 5～10mm 集料填充 10～20mm 集料中的空隙来形成粗集料的骨架嵌挤结构，基于上述假定可以推导出 10～20mm 集料的理论最小用量为

$$P_{\min} = \frac{1 - VV_c}{(1 - VV_c) + VV_c(1 - VV_f)} \times 100\% \qquad (4.21)$$

式中，VV_c 为 10～20mm 粗集料空隙率，%；VV_f 为 5～10mm 细集料空隙率，%。

因此，可以通过旋转压实测定 10～20mm 集料和 5～10mm 集料各自空隙率，利用式(4.21)计算得到 10～20mm 集料的最小用量 $P_{\min}=$ 70.5%，与空隙指数最小值、CBR 最大值所对应的 10～20mm 集料比例基本相近。

4.4.2　粗集料组成确定简化方法

从上述分析可以得出，在 5～10mm 集料与 10～15mm 集料合成 5～15mm 集料中，10～15mm 集料比例为 50%左右时，矿质混合料 CBR 最大、空隙指数最小。在 5～10mm 集料与 10～20mm 集料合成 5～20mm 集料中，10～20mm 集料比例靠近理论最小用量 $P_{\min}$ 时，矿质混合料的 CBR 最大、空隙指数最小。为了验证这一规律，选取山东省典型料场进行分析，典型料场的选取原则为：按照地质特点，分别在山东省胶东地区、鲁中山区、鲁西平原微丘区随机选取 3 个料场。9 个料场的集料性能检测结果见表 4.14，集料级配及旋转压实后的空隙指数和空隙率见表 4.15。

表 4.14　山东省典型料场集料性能检测结果

序号	检测项目		料场 1	料场 2	料场 3	料场 4	料场 5	料场 6	料场 7	料场 8	料场 9
1	压碎值/%		20.1	20.4	18.4	16.5	15.8	17.8	13.2	15.2	16.1
2	表观相对密度	10～20mm	2.743	2.741	2.701	2.745	2.750	2.744	2.809	2.801	2.78
		10～15mm	2.737	2.743	2.703	2.761	2.766	2.780	2.802	2.788	2.793
		5～10mm	2.707	2.727	2.715	2.760	2.772	2.768	2.822	2.787	2.825

序号	检测项目		料场1	料场2	料场3	料场4	料场5	料场6	料场7	料场8	料场9
3	吸水率/%	10~20mm	0.41	0.27	0.64	0.20	0.29	0.24	0.03	0.09	0.37
		10~15mm	0.22	0.59	0.31	0.27	0.03	0.32	0.31	0.21	0.38
		5~10mm	0.30	0.10	0.59	0.09	0.04	0.11	0.36	0.37	0.26
4	对沥青的黏附性		4级	4级	4级	5级	5级	5级	5级	5级	5级
5	坚固性/%		9	11	10	10	8	10	8	9	7
6	针片状颗粒质量分数/%	粒径>9.5mm	9.2	9.6	11.3	7.7	7.5	6.3	6.4	6.8	8.0
		粒径<9.5mm	15.0	15.7	16.9	11.7	12.9	11.4	13.3	10.4	13.8
7	水洗法<0.075mm颗粒质量分数/%		0.2	0.1	0.2	0.1	1.0	0.9	0.2	1.0	0.8
8	软弱颗粒质量分数/%		3.6	4.0	0.3	0.3	3.5	1.6	0.6	3.8	1.0
9	洛杉矶磨耗损失/%		18.2	17.7	20.2	14.3	13.7	15.9	13.2	13.8	12.9

表 4.15　集料级配及旋转压实后的空隙指数和空隙率

料场名称	集料规格	各筛孔的通过百分率/%						空隙指数	空隙率/%
		26.5mm	19mm	16mm	13.2mm	9.5mm	4.75mm		
料场1	5~10mm	100	100	100	100	91.6	12.3	0.664	39.9
	10~15mm	100	100	100	80.2	11.7	0.1	0.680	40.5
	10~20mm	100	90.8	68.7	41.5	5.5	0.2	0.730	42.2
料场2	5~10mm	100	100	100	100	96.9	4.9	0.641	39.1
	10~15mm	100	100	100	83.6	12.8	0.3	0.662	39.8
	10~20mm	100	85.7	53	26.2	11.5	0.4	0.694	41.0
料场3	5~10mm	100	100	100	100	99	14.6	0.659	39.7
	10~15mm	100	100	100	81.8	10.6	0.2	0.669	40.1
	10~20mm	100	95.4	64.3	42.5	6.6	0.4	0.691	40.9
料场4	5~10mm	100	100	100	100	99.1	7.6	0.653	39.5
	10~15mm	100	100	100	76.3	14.2	6.8	0.655	39.6
	10~20mm	100	83.9	55.3	28.1	6.6	1.3	0.696	41.0

料场名称	集料规格	各筛孔的通过百分率/%						空隙指数	空隙率/%
		26.5mm	19mm	16mm	13.2mm	9.5mm	4.75mm		
料场 5	5～10mm	100	100	100	100	98.3	5.9	0.650	39.4
	10～15mm	100	100	100	82.7	8.9	5.4	0.665	39.9
	10～20mm	100	89.9	57.4	30.7	1.4	1.4	0.709	41.5
料场 6	5～10mm	100	100	100	100	99.3	6.0	0.653	39.5
	10～15mm	100	100	100	78.1	7.7	5.7	0.673	40.2
	10～20mm	100	89.9	57.4	30.7	1.4	1.4	0.697	41.1
料场 7	5～10mm	100	100	100	96.4	71.5	12.8	0.642	39.1
	10～15mm	100	100	100	79.4	14.8	5.9	0.650	39.4
	10～20mm	100	85.8	53.3	37.8	2.1	1.5	0.689	40.8
料场 8	5～10mm	100	100	100	100	89.4	6.3	0.657	39.6
	10～15mm	100	100	100	86.2	13.3	2.8	0.669	40.1
	10～20mm	100	81.2	63.8	29.1	6.0	1.3	0.692	40.9
料场 9	5～10mm	100	100	100	100	89.4	2.3	0.633	38.8
	10～15mm	100	100	100	93.0	10.7	5.4	0.664	39.9
	10～20mm	100	92.7	51.1	27.6	2.2	1.6	0.695	41.0

　　将典型料场集料分别进行 5～10mm 集料和 10～15mm 集料、5～10mm 集料和 10～20mm 集料不同掺配比例的旋转压实试验与 CBR 试验，试验结果如图 4.21 所示。

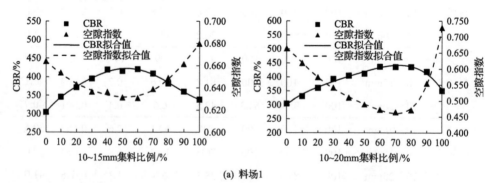

(a) 料场1

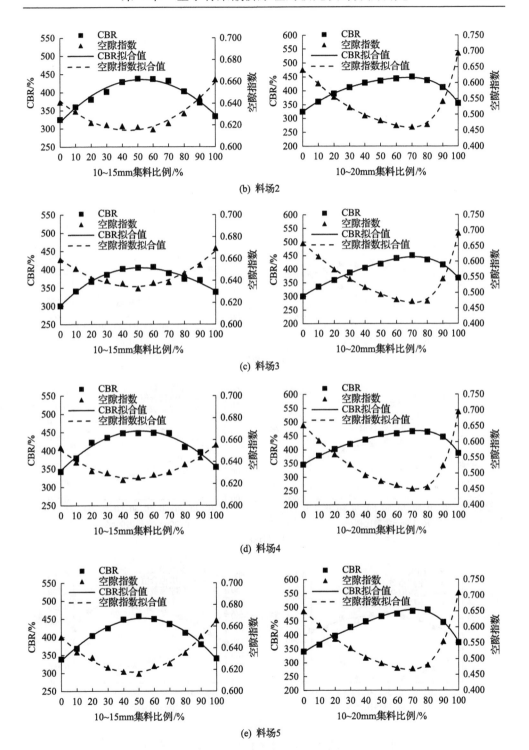

(b) 料场2

(c) 料场3

(d) 料场4

(e) 料场5

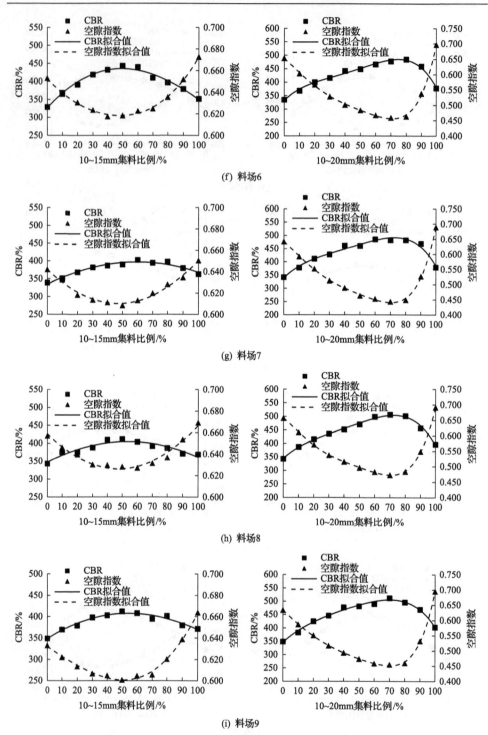

图 4.21　粗集料混合物 CBR 和空隙指数的关系

从图 4.21 可以得出:

(1)从空隙指数数值分析可知,无论是 5~10mm 集料与 10~15mm 集料合成 5~15mm 集料还是 5~10mm 集料与 10~20mm 集料合成 5~20mm 集料,随着粒径更大的集料比例增加,空隙指数都呈现先减小后增大的趋势。

(2)从空隙指数数值变化趋势分析可知,在 5~10mm 集料与 10~15mm 集料合成 5~15mm 集料中,空隙指数减小和增大的趋势基本相同;在 5~10mm 集料与 10~20mm 集料合成 5~20mm 集料中,空隙指数减小趋势小于增大趋势。

(3)从 CBR 值分析可知,无论是 5~10mm 集料与 10~15mm 集料合成 5~15mm 集料还是 5~10mm 集料与 10~20mm 集料合成 5~20mm 集料,随着粒径更大的集料比例增加,CBR 值都呈现先增大后减小的趋势。

(4)从 CBR 值变化趋势分析可知,在 5~10mm 集料与 10~15mm 集料合成 5~15mm 集料中,CBR 值减小和增大的趋势基本相同;在 5~10mm 集料与 10~20 集料合成 5~20mm 集料中,CBR 值增大趋势小于减小趋势。

(5)从 9 个典型料场集料分析可知,在 5~10mm 集料与 10~15mm 集料合成 5~15mm 集料中,空隙指数最小值和 CBR 最大值分别对应的 10~15mm 集料比例相对接近;在 5~10mm 集料与 10~20mm 集料合成 5~20mm 集料中,空隙指数最小值和 CBR 最大值分别对应的 10~20mm 集料比例也相对接近。

将 9 个典型料场中 5~10mm 集料与 10~15mm 集料合成 5~15mm 集料的空隙指数最小值和 CBR 最大值分别对应的 10~15mm 集料比例与所预估的 50%进行对比,结果见表 4.16;5~10mm 集料与 10~20mm 集料合成 5~20mm 集料的空隙指数最小值和 CBR 最大值分别对应的 10~20mm 集料比例与预估 P_{min} 进行对比,结果见表 4.17。依据 CBR 最大值所对应的相应集料比例合成的 5~15mm 集料、5~20mm 集料的级配见表 4.18。

表 4.16 10～15mm 集料比例

料场名称	空隙指数最小点/%	CBR 最大点/%	预估值/%	最大偏差/%
料场 1	53.6	48.1	50	3.6
料场 2	49.0	54.5	50	4.5
料场 3	52.2	48.3	50	2.2
料场 4	49.0	53.3	50	3.3
料场 5	49.5	52.5	50	2.5
料场 6	51.6	47.5	50	2.5
料场 7	46.5	53.4	50	3.5
料场 8	55.8	53.2	50	5.8
料场 9	56.0	48.4	50	6.0

表 4.17 10～20mm 集料比例

料场名称	空隙指数最小点/%	CBR 最大点/%	P_{min}/%	最大偏差/%
料场 1	70.0	69.8	69.5	0.5
料场 2	70.0	70.0	70.3	0.3
料场 3	71.8	70.0	70.6	1.2
料场 4	72.2	73.4	70.4	3.0
料场 5	69.5	70.8	69.9	0.9
料场 6	71.8	74.3	70.3	4.0
料场 7	70.5	69.1	70.4	1.3
料场 8	70.2	72.3	70.5	1.8
料场 9	69.1	70.0	70.1	1.0

表 4.18　合成 5～15mm 集料、5～20mm 集料各筛孔通过百分率

(单位：%)

料场名称	合成集料类型	筛孔尺寸/mm					
		26.5	19	16	13.2	9.5	4.75
料场 1	5～15mm	100	100	100	90.5	53.2	6.4
	5～20mm	100	93.6	78.2	59.2	31.5	3.9
料场 2	5～15mm	100	100	100	91.0	51.1	2.4
	5～20mm	100	90.0	67.1	48.3	37.1	1.8
料场 3	5～15mm	100	100	100	91.2	56.3	7.6
	5～20mm	100	96.8	75.0	59.8	34.3	4.7
料场 4	5～15mm	100	100	100	87.4	53.8	7.2
	5～20mm	100	88.2	67.2	47.2	31.2	3.0
料场 5	5～15mm	100	100	100	90.9	51.4	5.6
	5～20mm	100	92.8	69.8	50.9	29.7	2.7
料场 6	5～15mm	100	100	100	89.6	55.8	5.9
	5～20mm	100	92.8	69.8	50.9	29.7	2.7
料场 7	5～15mm	100	100	100	87.3	41.2	9.1
	5～20mm	100	90.2	67.7	55.9	23.5	5.0
料场 8	5～15mm	100	100	100	92.7	48.9	4.4
	5～20mm	100	86.4	73.8	48.7	29.1	2.7
料场 9	5～15mm	100	100	100	96.6	51.3	3.8
	5～20mm	100	94.9	65.8	49.3	28.4	1.8

从上述结果可以推出粗集料组成设计的简化方法。

(1)5～10mm 集料与 10～15mm 集料合成 5～15mm 集料简化方法。

10～15mm 集料比例为 50%左右时，矿质混合料的 CBR 值最大、空隙指数最小，说明在由 10～15mm 集料和 5～10mm 集料组成的矿质混合料中，两种集料共同形成嵌挤骨架结构，两者作用大致相同。

因此，5～10mm 集料与 10～15mm 集料合成 5～15mm 集料中，需要通过试验检测两档集料组成的矿质混合料的体积性能和力学性能，选取合适的配比使得混合料形成骨架嵌挤结构。根据前述试验结果，可以简化为取 10～15mm 集料含量预估值(50%)±5%、±10%进行 CBR 试验，以 CBR 最大值为控制指标来确定 10～15mm 集料用量比例。

(2) 5～10mm 集料与 10～20mm 集料合成 5～20mm 集料简化方法。

10～20mm 集料比例为 70%左右时，矿质混合料的 CBR 值最大、空隙指数最小，此数值与预估 P_{min} 值相对接近。说明在由 10～20mm 集料和 5～10mm 集料合成 5～20mm 集料中，10～20mm 集料起主骨架作用，5～10mm 集料起次骨架作用，5～10mm 集料基本填充在 10～20mm 集料所组成的骨架空隙中。

因此，5～10mm 集料与 10～20mm 集料合成 5～20mm 集料中，为保证主骨架结构，可以简化为取 10～20mm 集料含量预估值(P_{min} 值)±5%、+10%、+15%进行 CBR 试验，以 CBR 最大值为控制指标来确定 10～20mm 集料用量比例。

4.4.3　混合料级配确定

1. 粗集料比例确定

当混合料所选集料相邻粒径比小于 0.2 时，可采用 GB5 矿料嵌挤方法设计，初定粗集料比例为 0、40%、100%，分别拟合方程 1 和方程 2，求得方程 3，进而确定最佳粗集料用量 P_t。基于国内混合料级配设计基础，粗集料比例采用 40%时，数据离散性较大，为形成骨架嵌挤结构，推荐采用粗集料比例为 0、10%、20%确定的空隙指数拟合求得方程 1，粗集料比例为 100%时确定方程 2，进而确定最佳粗集料用量比例 P_t。

2. P_t 值的确定

4.3.4 节关于 P_t 值确定方法的探讨中给出了具有物理意义的 P_t 值计算方法，其几何意义为方程 1 和方程 2 交点的横坐标即为最佳粗集料用量比例 P_t，可供读者参考，本书仍采用 GB5 级配设计方法确定最佳 P_t 值。

第5章 基于骨架嵌挤原理的 SDA 混合料设计实例

采用改进的 GB5 型沥青混合料多级迭代级配设计方法，通过严格控制相邻两档集料平均粒径比，消除集料颗粒间干涉效应的影响以形成沥青混合料骨架嵌挤结构，然后通过马歇尔试验方法确定最佳沥青用量，最终形成基于骨架嵌挤原理的沥青混合料，将通过该方法确定的沥青混合料定义为骨架密实沥青(skeleton dense asphalt mixture，SDA)混合料。本章基于骨架嵌挤原理设计 SDA-10、SDA-13 和 SDA-20 三种沥青混合料，多级迭代级配设计和目标配合比设计流程如图 5.1 和图 5.2 所示。

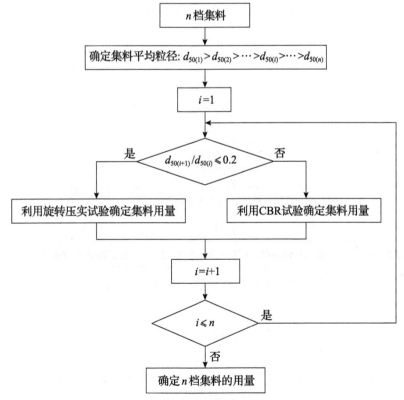

图 5.1 沥青混合料多级迭代级配设计流程

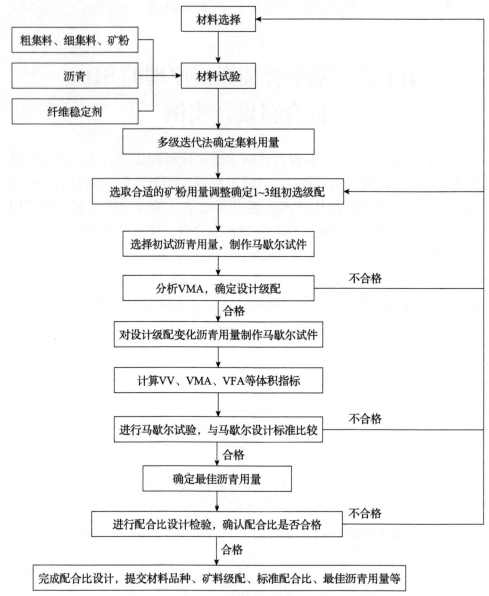

图 5.2　沥青混合料目标配合比设计流程

5.1　原　材　料

结合山东省地材情况，选用目前山东省工程常用的试验材料。粗集料和细集料均选用石灰岩，沥青选用 SBS 改性沥青。

沥青、粗集料、细集料、矿粉、纤维试验结果见表5.1～表5.6。

表 5.1　沥青试验结果

序号	检测项目		技术指标	检测结果	结果判定
1	针入度试验	针入度(25℃, 100g, 5s)/0.1mm	40～60	54	合格
		针入度指数 PI	＞0	0.1	合格
2	软化点($T_{R\&B}$)/℃		≥60	72.5	合格
3	延度(5℃, 5cm/min)/cm		≥20	42.0	合格
4	运动黏度(135℃)/(Pa·s)		≤3	1.70	合格
5	闪点/℃		≥230	336	合格
6	溶解度/%		≥99	99.71	合格
7	弹性恢复(25℃)/%		≥75	94	合格
8	储存稳定性(离析，48h 软化点差)/℃		≤2.5	1.5	合格
9	薄膜加热试验	质量变化/%	−1.0～1.0	−0.071	合格
		针入度比(25℃)/%	≥65	73	合格
		延度(5℃)/cm	≥15	17.0	合格
10	密度(15℃)/(g/cm³)		实测	1.035	合格

表 5.2　石灰岩粗集料试验结果

序号	检测项目		高速公路及一级公路技术要求		其他等级公路技术要求	检测结果	结果判定
			表面层	其他层次			
1	压碎值/%		≤26	≤28	≤30	22.5	合格
2	表观相对密度	10～20mm	≥2.60	≥2.50	≥2.45	2.775	合格
		10～15mm				2.788	
		5～10mm				2.762	
3	吸水率/%	10～20mm	≤2.0	≤3.0	≤3.0	0.47	
		10～15mm				0.52	
		5～10mm				0.61	

续表

序号	检测项目		高速公路及一级公路技术要求		其他等级公路技术要求	检测结果	结果判定
			表面层	其他层次			
4	与沥青的黏附性/级		≥4	≥4	≥4	4	合格
5	坚固性/%		≤12	≤12	—	8	合格
6	针片状颗粒质量分数/%	粒径大于9.5mm	≤12	≤15	—	11.1	合格
		粒径小于9.5mm	≤18	≤20	—	15.3	合格
7	水洗法<0.075mm 颗粒质量分数/%		≤1	≤1	≤1	0.8	合格
8	软弱颗粒质量分数/%		≤3	≤5	≤5	2.1	合格
9	磨光值		≥40(湿润区)	—	—	—	—
10	洛杉矶磨耗损失/%		≤28	≤30	≤35	18.6	合格

表 5.3　石灰岩细集料试验结果

序号	检测项目	高速公路及一级公路技术要求	其他等级公路技术要求	检测结果	结果判定
1	砂当量/%	≥60	≥50	63	合格
2	表观相对密度	≥2.50	≥2.45	2.736	合格
3	坚固性(>0.3mm 部分)/%	≤12	—	9	合格
4	吸水率/%	—	—	0.70	实测
5	亚甲蓝值/(g/kg)	≤25	—	1.9	合格
6	棱角性(流动时间)/s	≥30	—	35.2	合格
7	含泥量(<0.075mm 的含量)/%	≤3	≤5	—	—

表 5.4　矿粉试验结果

序号	检测项目	高速公路及一级公路技术要求	其他等级公路技术要求	检测结果	结果判定
1	表观密度/(g/cm³)	≥2.50	≥2.45	2.657	合格
2	含水率/%	≤1	≤1	0.60	合格

续表

序号	检测项目		高速公路及一级 公路技术要求	其他等级公路 技术要求	检测结果	结果 判定
3	亲水系数		<1	—	0.90	合格
4	塑性指数/%		<4	—	2.8	合格
5	粒度 范围 /%	<0.6mm	100	100	100	合格
		<0.15mm	90～100	90～100	92.6	
		<0.075mm	75～100	70～100	76.8	
6	加热安定性		实测记录	—	受热后颜色 无变化	—
7	外观		无团粒结块	—	无团粒结块	合格

表 5.5　纤维试验结果

序号	检测项目	检测结果	技术要求	结果判定
1	纤维长度/mm	1.8	≤6.0	合格
2	灰分质量分数/%	15.8	18±5	合格
3	pH	7.4	7.5±1.0	合格
4	吸油率(采用煤油)	7.8	不小于纤维质量的 5 倍	合格
5	含水率/%(以质量计)	1.1	≤5.0	合格

表 5.6　矿料筛分试验各筛孔通过百分率　　　(单位：%)

筛孔尺寸/mm	集料类型				矿粉
	10～20mm	10～15mm	5～10mm	0～3mm	
26.5	100	100	100	100	100
19	84	100	100	100	100
16	61	100	100	100	100
13.2	34.6	83.8	100	100	100
9.5	2.5	14.6	92	100	100
4.75	0.6	3.6	15	100	100

筛孔尺寸/mm	集料类型				矿粉
	10~20mm	10~15mm	5~10mm	0~3mm	
2.36	0.5	0.1	4.2	83.5	100
1.18	0.5	0.1	3.9	59.7	100
0.6	0.5	0.1	3.6	39.1	100
0.3	0.5	0.1	3.3	23.4	100
0.15	0.4	0.1	3.1	15.4	100
0.075	0.4	0.1	2.7	9.8	81.2

5.2　配合比设计

5.2.1　配合比设计技术要求

1. 矿料间隙率要求值确定

SDA 混合料矿料间隙率 VMA 应不小于计算矿料间隙率 VMA^*。计算矿料间隙率 VMA^* 可根据相邻粒径的通过率比值 R 按以下计算步骤确定。

(1) 根据矿料配比及筛分结果，通过计算确定不同粒径的通过率。

(2) 从最大粒径开始计算全部相邻粒径中较大粒径的通过率与较小粒径的通过率比值 R。

(3) 按表 5.7 确定不同 R 值的干涉系数 Fa，R 值不在表 5.7 中时，由线性内插法确定干涉系数值。

表 5.7　干涉系数 Fa

R	Fa	R	Fa	R	Fa
1.0000	1.0000	1.1500	0.9510	1.3000	0.9200
1.0500	0.9850	1.1760	0.9490	1.3500	0.9190
1.1000	0.9700	1.2000	0.9350	1.4000	0.9190
1.1100	0.9660	1.2500	0.9240	1.4285	0.9196

R	Fa	R	Fa	R	Fa
1.4500	0.9200	1.8000	0.9550	2.1500	1.0080
1.5000	0.9210	1.8500	0.9630	2.2000	1.0150
1.5500	0.9240	1.8870	0.9680	2.2500	1.0230
1.5623	0.9250	1.9000	0.9700	2.3000	1.0300
1.6000	0.9260	1.9500	0.9780	2.3500	1.0380
1.6500	0.9310	2.0000	0.9850	2.4000	1.0450
1.6700	0.9340	2.0500	0.9930	2.4500	1.0530
1.7000	0.9380	2.1000	1.0000	2.5000	1.0600
1.7500	0.9470	2.1280	1.0050		

（4）按式（5.1）求出计算矿料间隙率 VMA^*。

$$VMA^* = VMA_0 \prod_{i=1}^{n} Fa_i \tag{5.1}$$

式中，VMA_0 为单一粒径最紧密状况时的矿料间隙率，取 26%；Fa 为干涉系数；n 为总级数，即集料粒径数减 1。

2. 混合料技术要求

SDA 混合料技术要求见表 5.8。

表 5.8　SDA 混合料技术要求

试验项目	单位	技术要求		试验方法
		普通沥青	改性沥青	
马歇尔试件尺寸	mm×mm	$\phi101.6\times63.5$		T 0702
马歇尔试件击实次数	—	双面击实 75 次		T 0702
空隙率 VV	%	3.0～4.5		T 0705
矿料间隙率 VMA	%	$\geqslant VMA^*$		T 0705

试验项目	单位	技术要求		试验方法
		普通沥青	改性沥青	
粗集料骨架间隙率 VCA$_{mix}$	%	< VCA$_{DRC}$		T 0705
沥青饱和度 VFA	%	100(1–3/VMA*)～100(1–4.5/VMA*)		T 0705
稳定度	kN	≥5.5	≥6.0	T 0709
流值	mm	2～5	—	T 0709
谢伦堡沥青析漏试验的结合料损失	%	≤0.2	≤0.1	T 0732
肯塔堡飞散试验的混合料损失或浸水飞散试验	%	≤20	≤15	T 0733

5.2.2 SDA-10 混合料配合比设计

1. 级配设计

依据第 4 章的多级迭代级配设计方法,SDA-10 混合料包括 5～10mm、0～3mm 两档集料,5～10mm 集料平均粒径为 6.91mm,0～3mm 集料平均粒径为 0.907mm,集料平均粒径比 $d_{0～3mm}/d_{5～10mm}$=0.131<0.2,只需进行一步旋转压实试验即可确定矿料级配,实际压实集料固体体积为 1400cm^3,压实次数为 20 次,试验数据见表 5.9,级配设计过程如图 5.3 所示。

表 5.9 SDA-10 混合料级配设计过程 SGC 试验数据

5～10mm 集料比例/%	高度/cm	压实后总体积/cm^3	固体体积/cm^3	空隙指数
0	10.90	1926.19	1400	0.376
10	10.52	1859.04	1400	0.328
20	10.43	1843.13	1400	0.317
100	13.03	2302.59	1400	0.645

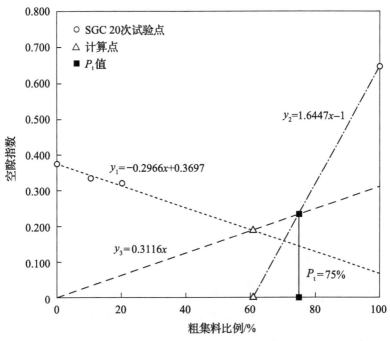

图 5.3　SDA-10 混合料级配设计过程

计算得到 P_t=75%（如用理论计算公式(4.12)，可得 P_t=71%），如图 5.3 所示。利用粗细集料的表观密度计算得到粗细集料质量比为 75∶25。依据工程经验，矿粉用量分别为 5%、7%、9%。表 5.10 为三个合成级配配合比，表 5.11 为三个合成级配各筛孔通过百分率。

表 5.10　SDA-10 混合料合成级配配合比组成

级配类型	5~10mm 集料质量分数/%	0~3mm 集料质量分数/%	矿粉质量分数/%
合成级配 1	71	24	5
合成级配 2	70	23	7
合成级配 3	68	23	9

表 5.11　SDA-10 混合料合成级配各筛孔通过百分率　　（单位：%）

筛孔尺寸/mm	合成级配 1	合成级配 2	合成级配 3
13.2	100	100	100
9.5	94.3	94.4	94.6

筛孔尺寸/mm	合成级配 1	合成级配 2	合成级配 3
4.75	39.7	40.5	42.2
2.36	28.0	29.1	31.1
1.18	22.1	23.5	25.4
0.6	16.9	18.5	20.4
0.3	13.0	14.7	16.6
0.15	10.9	12.7	14.7
0.075	8.3	9.8	11.4

2. 试验级配的评价

1) SDA 混合料矿料间隙率要求值确定

根据式(5.1)确定合成级配的计算矿料间隙率 VMA*，同时计算沥青饱和度要求值，见表 5.12。

表 5.12　SDA-10 混合料合成级配的计算矿料间隙率和沥青饱和度要求值

筛孔尺寸/mm	合成级配 1			合成级配 2			合成级配 3		
	通过百分率/%	R	Fa	通过百分率/%	R	Fa	通过百分率/%	R	Fa
13.2	100	1.06	0.9819	100	1.06	0.9822	100	1.06	0.9827
9.5	94.3	2.38	1.0420	94.4	2.33	1.0349	94.6	2.24	1.0215
4.75	39.7	1.41	0.9193	40.5	1.39	0.9190	42.2	1.36	0.9190
2.36	28.0	1.27	0.9225	29.1	1.24	0.9257	31.1	1.22	0.9298
1.18	22.1	1.30	0.9199	23.5	1.27	0.9226	25.4	1.24	0.9258
0.6	16.9	1.31	0.9199	18.5	1.26	0.9232	20.4	1.23	0.9285
0.3	13.0	1.19	0.9413	14.7	1.16	0.9506	16.6	1.13	0.9567
0.15	10.9	1.31	0.9198	12.7	1.29	0.9205	14.7	1.29	0.9212
0.075	8.3	—	—	9.8	—	—	11.4	—	—
VMA*/%	16.53			16.76			16.90		
VFA/%	73～82			73～82			73～82		

2) 试验级配评价结果

三种合成级配采用 5.8%的沥青质量分数，沥青混合料采用马歇尔击实法成型试件。合成级配的体积指标见表 5.13。

表 5.13　SDA-10 混合料合成级配的体积指标

指标名称	合成级配 1	合成级配 2	合成级配 3	技术要求
空隙率/%	4.6	4.0	3.6	3.0～4.5
矿料间隙率/%	17.4	16.9	17.0	不小于表 5.12 规定值
沥青饱和度/%	73.6	76.3	78.8	表 5.12 规定范围

根据试验结果，选取合成级配 2 为设计级配，级配曲线如图 5.4 所示。

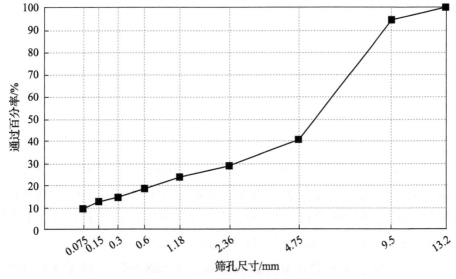

图 5.4　SDA-10 混合料级配曲线

3. 沥青用量选择

级配确定后，沥青质量分数以 0.3%为间隔，选取三种沥青质量分数 (5.5%、5.8%、6.1%) 进行试验，试验结果见表 5.14。

根据三组沥青用量的试验结果，选择沥青质量分数 5.8%作为本次配合比沥青用量。

表 5.14　SDA-10 混合料设计级配三组沥青用量试验结果

指标名称	沥青质量分数		
	5.5%	5.8%	6.1%
空隙率/%	4.3	4.0	3.7
矿料间隙率/%	16.8	16.9	17.2
沥青饱和度/%	74.4	76.3	78.5
稳定度/kN	9.98	10.57	9.33

4. 设计结果

通过以上试验和分析，SDA-10 混合料配合比为石灰岩 5～10mm∶石灰岩 0～3mm∶矿粉=70∶23∶7。沥青质量分数为 5.8%，纤维用量为 0.3%。

5.2.3　SDA-13 混合料配合比设计

1. 级配设计

SDA-13 混合料包括 10～15mm、5～10mm、0～3mm 三档集料，依据多级迭代级配设计方法，需要首先确定 10～15mm 和 5～10mm 两档粗集料的比例，再进行一步级配设计即可确定三档集料的用量比例。10～15mm 集料平均粒径为 11.37mm，5～10mm 集料平均粒径为 6.91mm，集料平均粒径比 $d_{5\sim10mm}/d_{10\sim15mm}=0.608>0.2$，根据 4.4 节研究结果，分别取 10～15mm 集料比例为 40%、45%、50%、55%、60%，进行旋转压实，并进行 CBR 试验，确定两档集料的配比，试验结果见表 5.15 和图 5.5。由试验结果可知，10～15mm 集料比例为 50%时空隙指数最小、混合料最密实，10～15mm 集料比例为 55%时 CBR 最大，选择 CBR 最大时的比例作为最终两档集料的配比，即 10～15mm 集料比例为 55%。

表 5.15　试验确定 10～15mm 集料比例

10～15mm 集料比例/%	CBR/%	空隙指数
40	415	0.596
45	415	0.593
50	419	0.591
55	422	0.593
60	418	0.594

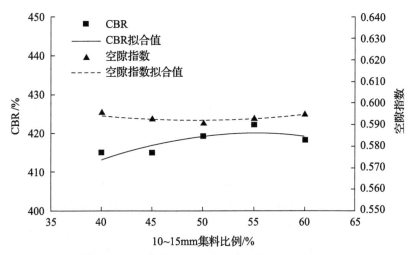

图 5.5　试验确定 10～15mm 集料比例曲线

0～3mm 集料与 5～10mm 集料的平均粒径比 $d_{0\sim3\text{mm}}/d_{5\sim10\text{mm}}=$ 0.131＜0.2，将 55%的 10～15mm 集料和 45%的 5～10mm 集料合成 5～ 15mm 集料与 0～3mm 集料进行旋转压实试验即可确定矿料级配，实际 压实集料固体体积为 1400cm³，压实次数为 20 次，试验数据见表 5.16， 级配设计过程如图 5.6 所示。

表 5.16　SDA-13 混合料级配设计过程 SGC 试验数据

5～15mm 集料比例/%	高度/cm	压实后总体积/cm³	固体体积/cm³	空隙指数
0	10.90	1926.19	1400	0.376
10	10.78	1904.98	1400	0.361
20	10.63	1878.48	1400	0.342
100	12.63	2231.91	1400	0.594

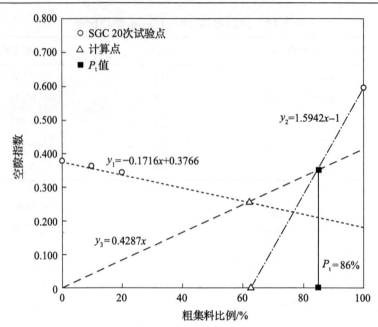

图 5.6　SDA-13 混合料级配设计过程

　　可以得到 P_t=86%（如用理论计算公式，可得 P_t=78%），如图 5.6 所示。由此可以计算得到 10～15mm、5～10mm 和 0～3mm 集料质量比为 47∶39∶14。依据工程经验，矿粉用量分别为 8%、10%、12%。表 5.17 为三个合成级配配合比，表 5.18 为三个合成级配各筛孔通过百分率。

表 5.17　SDA-13 混合料合成级配配合比组成

级配类型	10～15mm 集料质量分数/%	5～10mm 集料质量分数/%	0～3mm 集料质量分数/%	矿粉质量分数/%
合成级配 1	44	35	13	8
合成级配 2	42	35	13	10
合成级配 3	40	35	13	12

表 5.18　SDA-13 混合料合成级配各筛孔通过百分率　（单位：%）

筛孔尺寸/mm	合成级配 1	合成级配 2	合成级配 3
16	100	100	100
13.2	92.9	93.2	93.5
9.5	59.6	61.3	63.0

续表

筛孔尺寸/mm	合成级配 1	合成级配 2	合成级配 3
4.75	27.8	29.8	31.7
2.36	20.4	22.4	24.4
1.18	17.2	19.2	21.2
0.6	14.4	16.4	18.4
0.3	12.2	14.2	16.2
0.15	11.1	13.1	15.1
0.075	8.8	10.4	12.0

2. 试验级配的评价

1) SDA 混合料矿料间隙率要求值确定

根据式 (5.1) 确定合成级配的计算矿料间隙率 VMA^*，同时计算沥青饱和度要求值，见表 5.19。

表 5.19　SDA-13 混合料合成级配的计算矿料间隙率和沥青饱和度要求值

筛孔尺寸/mm	合成级配 1			合成级配 2			合成级配 3		
	通过百分率/%	R	Fa	通过百分率/%	R	Fa	通过百分率/%	R	Fa
16	100	1.08	0.9770	100	1.07	0.9781	100	1.07	0.9792
13.2	92.9	1.56	0.9246	93.2	1.52	0.9222	93.5	1.48	0.9207
9.5	60.1	2.14	1.0069	61.8	2.06	0.9945	63.4	1.99	0.9835
4.75	26.3	1.37	0.9190	28.3	1.33	0.9194	30.3	1.30	0.9200
2.36	20.4	1.19	0.9430	22.4	1.17	0.9497	24.4	1.15	0.9500
1.18	17.2	1.19	0.9388	19.2	1.17	0.9495	21.2	1.15	0.9509
0.6	14.4	1.18	0.9491	16.4	1.15	0.9509	18.4	1.13	0.9577
0.3	12.2	1.10	0.9701	14.2	1.08	0.9746	16.2	1.07	0.9780
0.15	11.1	1.08	0.9770	13.1	1.26	0.9228	15.1	1.26	0.9232
0.075	8.8	—	—	10.4	—	—	12.0	—	—
VMA^*/%	16.34			16.54			16.58		
VFA/%	72～82			73～82			73～82		

2) 试验级配评价结果

三种合成级配采用 5.8% 的沥青质量分数，沥青混合料采用马歇尔击实法成型试件。合成级配的体积指标见表 5.20。

表 5.20　SDA-13 混合料合成级配的体积指标

指标名称	合成级配 1	合成级配 2	合成级配 3	技术要求
空隙率/%	4.2	3.5	3	3.0~4.5
矿料间隙率/%	17	16.6	16.8	不小于表 5.19 规定值
沥青饱和度/%	75.3	78.7	81.3	表 5.19 规定范围
压实沥青混合料的粗集料骨架间隙率/%	30.3	31.6	33.0	$VCA_{mix} \leqslant VCA_{DRC}$
捣实状态下的粗集料松装间隙率/%	42.6	42.3	42.3	

根据试验结果，选取合成级配 2 为设计级配，级配曲线如图 5.7 所示。

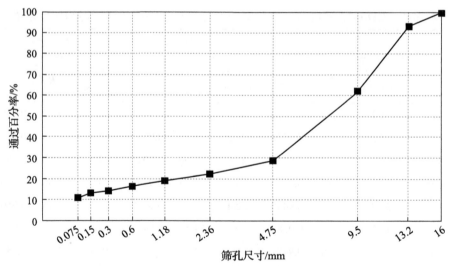

图 5.7　SDA-13 混合料级配曲线

3. 沥青用量选择

级配确定后，沥青质量分数以 0.3% 为间隔，选取三种沥青质量分数 (5.5%、5.8%、6.1%) 进行试验，试验结果见表 5.21。

表 5.21 SDA-13 混合料设计级配三组沥青用量试验结果

指标名称	沥青质量分数		
	5.5%	5.8%	6.1%
空隙率/%	4.4	3.5	4.3
矿料间隙率/%	16.4	16.6	17.1
沥青饱和度/%	73.2	78.9	74.8
稳定度/kN	10.12	9.36	8.75

根据三组沥青用量的试验结果，选择沥青质量分数 5.8%作为本次配合比沥青用量。

4. 设计结果

通过以上试验和分析，SDA-13 混合料配合比为石灰岩 10～15mm : 石灰岩 5～10mm : 石灰岩 0～3mm : 矿粉=42 : 35 : 13 : 10。沥青质量分数为 5.8%，纤维用量为 0.3%。

5.2.4 SDA-20 混合料配合比设计

1. 级配设计

SDA-20 混合料包括 10～20mm、5～10mm、0～3mm 三档集料，依据多级迭代级配设计方法，需要首先确定 10～20mm 和 5～10mm 两档集料的比例，再进行一步级配设计即可确定三档集料的用量比例。10～20mm 集料平均粒径为 14.833mm，5～10mm 集料与 10～20mm 集料的平均粒径比为 $d_{5\sim10mm}/d_{10\sim20mm}=0.466>0.2$，依据 SDA 混合料骨架嵌挤原理，并结合 4.4.2 节粗集料组成确定简化方法所得结果进行旋转压实试验，实际压实集料固体体积为 1400cm^3，压实次数为 20 次，粗集料比例确定过程如下。

分别对 10～20mm 和 5～10mm 两档集料进行旋转压实试验，测定两档集料的空隙率，试验结果见表 5.22，利用式(4.21)计算得到 10～20mm 集料理论最小用量 P_{min}=70.5%。

分别取 10～20mm 集料比例为 65%、70%、75%、80%、85%，进行 CBR 试验，确定两档集料的配比，试验结果见表 5.23 和图 5.8，选

择 CBR 最大的比例作为最终两档集料的配比，即 10～20mm 集料比例
为 77%。

表 5.22　两档集料旋转压实数据

10～20mm 集料比例/%	高度/cm	压实后总体积/cm³	固体体积/cm³	空隙率/%
0	13.03	2302.6	1400	39.2
100	13.38	2364.4	1400	40.8

表 5.23　CBR 试验确定粗集料比例

10～20mm 集料比例/%	CBR/%
65	495
70	499
75	501
80	499
85	492

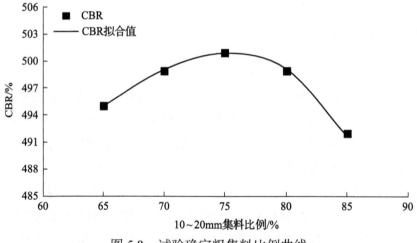

图 5.8　试验确定粗集料比例曲线

0～3mm 集料与 5～10mm 集料的平均粒径比为 $d_{0\sim3mm}/d_{5\sim10mm}=$
$0.131<0.2$，将 77% 的 10～20mm 集料和 23% 的 5～10mm 集料合成
为 5～20mm 集料，则 SDA-20 混合料包括 5～20mm、0～3mm 两档
集料，再进行一步级配设计即可确定矿料级配，实际压实集料固体体
积为 1400cm³，压实次数为 20 次，试验数据见表 5.24，级配设计过

程如图 5.9 所示。

表 5.24　SDA-20 混合料级配设计过程 SGC 试验数据

5~20mm 集料比例/%	高度/cm	压实后总体积/cm³	固体体积/cm³	空隙指数
0	10.90	1926.19	1400	0.376
10	10.64	1880.24	1400	0.343
20	10.41	1839.60	1400	0.314
100	11.70	2067.56	1400	0.477

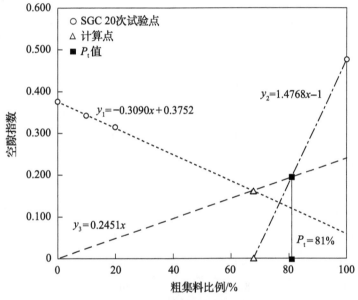

图 5.9　SDA-20 混合料级配设计过程

可以得到 P_t=81%（如用理论计算公式(4.12)，可得 P_t=77%）。由此可以计算得到 10~20mm、5~10mm 和 0~3mm 集料质量比为 62:19:19。依据工程经验，矿粉用量分别为 5%、7%、9%。表 5.25 为三个合成级配配合比，表 5.26 为三个合成级配各筛孔通过百分率。

2. 试验级配的评价

1) SDA 混合料矿料间隙率要求值确定

根据式(5.1)确定合成级配的计算矿料间隙率 VMA*，同时计算沥青饱和度要求值，见表 5.27。

表 5.25 SDA-20 混合料合成级配配合比组成

级配类型	10～20mm 集料质量分数/%	5～10mm 集料质量分数/%	0~3mm 集料质量分数/%	矿粉质量分数/%
合成级配 1	60	17	18	5
合成级配 2	58	17	18	7
合成级配 3	56	17	18	9

表 5.26 SDA-20 混合料合成级配各筛孔通过百分率 （单位：%）

筛孔尺寸/mm	合成级配 1	合成级配 2	合成级配 3
26.5	100	100	100.0
19	90.4	90.7	91.0
16	76.6	77.4	78.2
13.2	60.8	62.1	63.4
9.5	40.1	42.1	44.0
4.75	25.9	27.9	29.9
2.36	21.0	23.0	25.0
1.18	16.7	18.7	20.7
0.6	13.0	14.9	16.9
0.3	10.1	12.1	14.1
0.15	8.5	10.5	12.5
0.075	6.5	8.1	9.8

表 5.27 SDA-20 混合料合成级配的计算矿料间隙率和沥青饱和度要求值

筛孔尺寸/mm	合成级配 1			合成级配 2			合成级配 3		
	通过百分率/%	R	Fa	通过百分率/%	R	Fa	通过百分率/%	R	Fa
26.5	100	1.11	0.9675	100	1.10	0.9691	100	1.10	0.9705
19	90.4	1.18	0.9466	90.7	1.17	0.9493	91.0	1.16	0.9499
16	76.6	1.26	0.9231	77.4	1.25	0.9247	78.2	1.23	0.9277
13.2	60.8	1.51	0.9218	62.1	1.47	0.9205	63.4	1.44	0.9198

筛孔尺寸/mm	合成级配 1			合成级配 2			合成级配 3		
	通过百分率/%	R	Fa	通过百分率/%	R	Fa	通过百分率/%	R	Fa
9.5	40.1	1.55	0.9240	42.1	1.51	0.9215	44.0	1.47	0.9205
4.75	25.9	1.23	0.9281	27.9	1.21	0.9325	29.9	1.19	0.9383
2.36	21.0	1.26	0.9232	23.0	1.23	0.9280	25.0	1.21	0.9329
1.18	16.7	1.29	0.9208	18.7	1.25	0.9239	20.7	1.22	0.9302
0.6	13.0	1.29	0.9212	14.9	1.24	0.9265	16.9	1.20	0.9340
0.3	10.1	1.18	0.9469	12.1	1.15	0.9527	14.1	1.12	0.9614
0.15	8.5	1.31	0.9198	10.5	1.29	0.9205	12.5	1.28	0.9213
0.075	6.5	—	—	8.1	—	—	9.8	—	—
VMA*/%	11.85			12.19			12.68		
VFA/%	62~75			63~75			65~76		

2）试验级配评价结果

三种合成级配采用 4.9% 的沥青质量分数，沥青混合料采用马歇尔击实法成型试件。合成级配的体积指标见表 5.28。

表 5.28　SDA-20 混合料合成级配的体积指标

指标名称	合成级配 1	合成级配 2	合成级配 3	技术要求
空隙率/%	3.4	4.2	4.4	3.0~4.5
矿料间隙率/%	14.5	15.3	15.6	不小于表 5.27 规定值
沥青饱和度/%	76.5	72.5	71.8	表 5.27 规定范围
压实沥青混合料的粗集料骨架间隙率/%	33.2	35.6	37.1	$VCA_{mix} \leqslant VCA_{DRC}$
捣实状态下的粗集料松装间隙率/%	44.9	44.6	44.5	

根据试验结果，选取合成级配 2 为设计级配，级配曲线如图 5.10 所示。

3. 沥青用量选择

级配确定后，沥青质量分数以 0.3% 为间隔，选取三种沥青质量分数(4.6%、4.9%、5.2%)进行试验,试验结果见表 5.29。

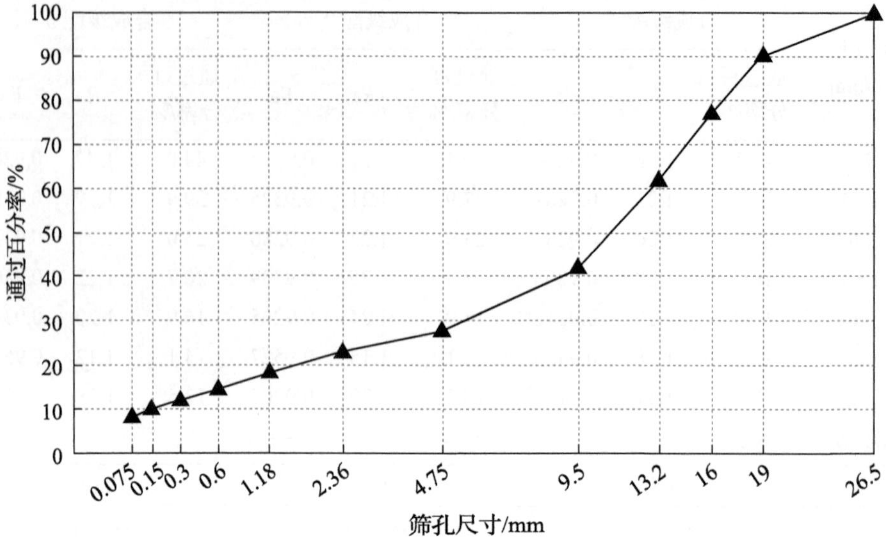

图 5.10　SDA-20 混合料级配曲线

表 5.29　SDA-20 混合料设计级配三组沥青用量试验结果

指标名称	沥青质量分数		
	4.6%	4.9%	5.2%
空隙率/%	4.2	4.2	4.3
矿料间隙率/%	14.5	15.3	16.0
沥青饱和度/%	71.0	72.5	73.1
稳定度/kN	12.84	13.92	13.11

根据三组沥青用量的试验结果,选择沥青质量分数为 4.9%作为本次配合比沥青用量。

4. 设计结果

通过以上试验和分析,SDA-20 混合料配合比为石灰岩 10～20mm:石灰岩 5～10mm:石灰岩 0～3mm:矿粉=58:17:18:7。沥青质量分数为 4.9%,纤维用量为 0.3%。

第6章 SDA混合料性能分析

6.1 SDA混合料与其他常用混合料级配设计

6.1.1 材料选择

结合山东省地材情况,选用目前山东省工程常用的试验材料。沥青、石灰岩粗集料、石灰岩细集料、矿粉、纤维试验结果见表5.1～表5.5,玄武岩粗集料和玄武岩细集料试验结果见表6.1和表6.2。

表6.1 玄武岩粗集料试验结果

序号	检测项目		高速公路及一级公路技术要求		其他等级公路技术要求	检测结果	结果判定
			表面层	其他层次			
1	压碎值/%		≤26	≤28	≤30	12.9	合格
2	表观相对密度	10～15mm	≥2.60	≥2.50	≥2.45	2.948	合格
		5～10mm				2.942	
3	吸水率/%	10～15mm	≤2.0	≤3.0	≤3.0	0.79	合格
		5～10mm				0.82	
4	对沥青的黏附性/级		≥4	≥4	≥4	4	合格
5	坚固性/%		≤12	≤12	—	1.1	合格
6	针片状颗粒质量分数/%	粒径大于9.5mm	≤12	≤15	—	8.3	合格
		粒径小于9.5mm	≤18	≤20	—	9.6	合格
7	水洗法<0.075mm颗粒质量分数/%		≤1	≤1	≤1	0.3	合格
8	软弱颗粒质量分数/%		≤3	≤5	≤5	1.5	合格
9	磨光值		>40(湿润区)	—		44	合格

表 6.2　玄武岩细集料试验结果

序号	检测项目	高速公路及一级公路技术要求	其他等级公路技术要求	检测结果	结果判定
1	砂当量/%	≥60	≥50	65	合格
2	表观相对密度	≥2.50	≥2.45	2.962	合格
3	坚固性(>0.3mm 部分)/%	≤12	—	1.3	合格
4	吸水率/%	—	—	1.14	实测
5	亚甲蓝值/(g/kg)	≤25	—	1.8	合格
6	棱角性(流动时间)/s	>30	—	34.0	合格
7	含泥量(<0.075mm 的含量)/%	≤3	≤5	—	—

6.1.2　配合比设计

为验证 SDA 混合料性能并与目前常用混合料性能进行对比，设计 SDA-10、SDA-13、SDA-20 混合料，同时参照目前山东省常用的路面结构，设计 SMA-10、SMA-13、AC-13、AC-20 混合料。上述七种混合料均采用 SBS 改性沥青，除 SMA-10、SMA-13 混合料采用玄武岩，其他混合料均采用石灰岩。混合料设计级配各筛孔通过百分率见表 6.3，最佳沥青用量下马歇尔试验体积参数和力学指标测定结果见表 6.4。

表 6.3　混合料设计级配各筛孔通过百分率　　　(单位：%)

混合料类型	筛孔尺寸/mm											
	26.5	19	16	13.2	9.5	4.75	2.36	1.18	0.6	0.3	0.15	0.075
SDA-10	100	100	100	100	94.4	40.5	29.1	23.5	18.5	14.7	12.7	9.8
SMA-10	100	100	100	100	98.5	38.6	27.4	21.6	18.3	14	12.5	10.8
SDA-13	100	100	100	93.2	61.3	29.8	22.4	19.2	16.4	14.2	13.1	10.4
SMA-13	100	100	100	90.3	62.2	26.7	23.4	21.2	18.2	14.8	12.4	9.3
AC-13	100	100	100	97.5	80.2	54.6	33	24.1	17.8	12.1	9.4	6.2
SDA-20	100	90.7	77.4	62.1	42.1	27.9	23.0	18.7	14.9	12.1	10.5	8.1
AC-20	100	94.4	84.3	74.5	61.7	36.3	24	18	13.5	10	8.1	5.1

表 6.4　马歇尔试验体积参数和力学指标测定结果

指标名称	SDA-10	SMA-10	SDA-13	SMA-13	AC-13	SDA-20	AC-20
最佳沥青质量分数/%	5.8	6.2	5.8	5.9	5.2	4.9	4.4
空隙率/%	4.0	4.1	3.5	4.1	4.4	4.2	4.3
矿料间隙率/%	16.9	17.4	16.6	17.5	16.3	15.3	14.2
沥青饱和度/%	76.3	77.2	78.9	76.6	72.6	72.5	70.0
稳定度/kN	10.57	9.52	9.36	13.22	12.02	13.92	11.41
流值/mm	2.5	—	2.4	—	2.2	2.7	2.6

6.2　高温稳定性

6.2.1　车辙试验结果及分析

试验根据最佳沥青用量下的马歇尔试件密度计算用料量，成型 300mm×300mm×50mm 的车辙试模。试验参数为：直径 200mm、宽 50mm 的包橡胶实心轮胎，轮压 0.7MPa；试验温度 60℃；荷载轮运行速度 42 次/min。车辙试验通常进行 60min 或最大变形到 25mm 为止，动稳定度按式(6.1)计算。

$$DS = \frac{(60-45) \times 42}{d_2 - d_1} \tag{6.1}$$

式中，DS 为动稳定度，次/mm；d_1 为荷载轮作用时间 t_1(45min)时的永久变形，mm；d_2 为荷载轮作用时间 t_2(60min)时的永久变形，mm。

车辙试验结果汇总见表 6.5，几种沥青混合料的 60min 变形量和动稳定度结果如图 6.1 所示。

表 6.5　车辙试验结果汇总

混合料类型	45min 变形量/mm	60min 变形量/mm	变形量之差/mm	动稳定度/(次/mm) 单值	动稳定度/(次/mm) 平均值	标准差/(次/mm)	变异系数/%
	1.396	1.474	0.078	8077			
SDA-10	1.450	1.525	0.075	8400	8627	691.4	8.0
	1.305	1.372	0.067	9403			

混合料类型	45min 变形量/mm	60min 变形量/mm	变形量之差/mm	动稳定度/(次/mm)		标准差/(次/mm)	变异系数/%
				单值	平均值		
SMA-10	1.713	1.823	0.110	5727			
	1.650	1.759	0.109	5780	5557	341.4	6.1
	1.560	1.682	0.122	5164			
SDA-13	1.541	1.626	0.085	7412			
	1.456	1.553	0.097	6495	6870	480.9	7.0
	1.419	1.513	0.094	6702			
SMA-13	1.651	1.776	0.125	5040			
	1.766	1.895	0.129	4884	5150	334.8	6.5
	1.628	1.742	0.114	5526			
AC-13	2.189	2.391	0.202	3119			
	1.973	2.132	0.159	3962	3596	432.2	12.0
	2.246	2.416	0.170	3706			
SDA-20	1.985	2.116	0.131	4809			
	1.865	2.011	0.146	4315	4695	337.8	7.2
	1.999	2.126	0.127	4961			
AC-20	2.368	2.545	0.177	3559			
	2.108	2.312	0.204	3088	3235	281.0	8.7
	2.392	2.598	0.206	3058			

从图 6.1 可以看出：

(1)各种混合料的抗车辙性能从高到低依次为 SDA-10、SDA-13、SMA-10、SMA-13、SDA-20、AC-13、AC-20。

(2)对于相同公称最大粒径的混合料，SDA 类混合料略优于 SMA 类混合料，更优于 AC 类混合料。

(3)采用石灰岩设计的 SDA 类混合料的抗车辙性能并不低于采用玄武岩设计的 SMA 类混合料。

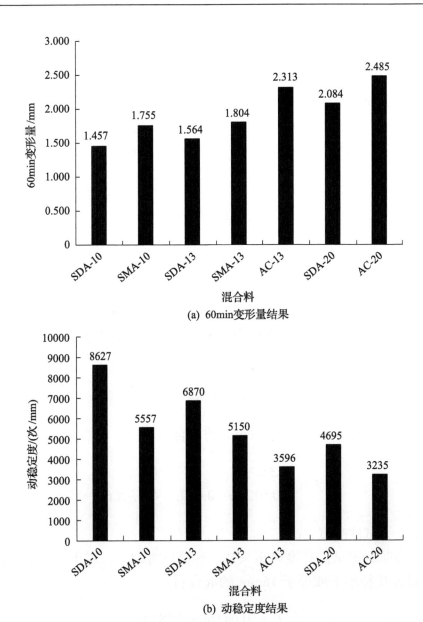

(a) 60min变形量结果

(b) 动稳定度结果

图 6.1　几种沥青混合料的 60min 变形量和动稳定度结果

6.2.2　单轴贯入试验结果及分析

试验设备选用 UTM-100 动态液压试验系统，压头尺寸为 28.5mm（直径）×50mm（高）。对于公称最大粒径小于或等于 16mm 的混合料，试件直径采用 100mm；对于公称最大粒径大于 16mm 的混合料，试件直径采用 150mm，试件高度均为 100mm。单轴贯入试验试件及压头和试验后试件如图 6.2 所示。

将上述成型试件置于 60℃的烘箱中，保温不小于 5h 且不多于 12h，控制试件温度稳定在 60℃±0.5℃，试验加载速率为 1mm/min。由试验程序窗口上读取施加荷载极限值 F，准确到 0.001kN。沥青混合料的贯入强度为

$$\tau_0 = f \times f_h \times \sigma_p \tag{6.2}$$

$$\sigma_p = \frac{F}{A} \tag{6.3}$$

式中，τ_0 为贯入强度，MPa；σ_p 为竖向应力，MPa；F 为施加荷载极限值，kN；A 为钢压头横截面面积，mm^2；f 为贯入应力系数，对于公称最大粒径小于或等于 16mm 的混合料：

$$f = -0.0018h + 0.357 \tag{6.4}$$

对于公称最大粒径大于 16mm 的混合料：

$$f = \begin{cases} 0.35, & h > 6 \\ -0.0127h + 0.427, & 4 \leqslant h \leqslant 6 \end{cases} \tag{6.5}$$

式中，h 为试件高度，cm。

f_h 为非标准试件高度修正系数，标准试件取 1，对于非标准高度的公称最大粒径小于或等于 16mm 的混合料：

$$f_h = 0.0416h + 0.5834 \tag{6.6}$$

对于非标准高度的公称最大粒径大于 16mm 的混合料：

$$f_h = \begin{cases} 0.0762h + 0.238, & h > 6 \\ 0.047h + 0.3931, & 4 \leqslant h \leqslant 6 \end{cases} \tag{6.7}$$

(a) 单轴贯入试验试件及压头　　　　　　(b) 试验后试件

图 6.2　单轴贯入试验试件及压头和试验后试件

现有研究表明，在单轴贯入试验中，试件的受力模式与实际路面相同，故采用单轴贯入试验可以很好地反映沥青混合料的路用抗剪性能。利用单轴贯入试验与单轴压缩试验可以绘制出沥青混合料两种受力状态的莫尔图，通过莫尔-库仑抗剪强度理论可以求出沥青混合料的黏聚力 (c) 和内摩擦角 (φ)。

图 6.3 为利用单轴贯入试验数据和无侧限单轴压缩试验数据画出的莫尔圆。图中，σ_u 表示无侧限抗压试验中试件的抗压强度，σ_{1g} 和 σ_{3g} 分别表示单轴贯入强度乘以抗剪强度参数后所得的最大主应力和最小主应力，c、φ 分别为混合料的黏聚力和内摩擦角。

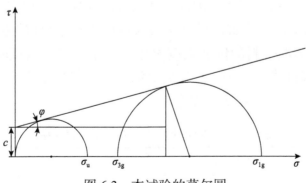

图 6.3　本试验的莫尔圆

利用简单的几何关系，可以推导出基于贯入强度和无侧限抗压强度的 c 和 φ 公式，即

$$
\begin{cases}
\dfrac{\sigma_{u}}{2}\cos\varphi - \dfrac{\sigma_{u}}{2}(1-\sin\varphi)\tan\varphi = c \\[3mm]
\dfrac{\sigma_{1g}-\sigma_{3g}}{2}\cos\varphi - \left(\dfrac{\sigma_{3g}+\sigma_{1g}}{2}-\dfrac{\sigma_{1g}-\sigma_{3g}}{2}\sin\varphi\right)\tan\varphi = c
\end{cases}
\tag{6.8}
$$

由式(6.8)两个方程，可以求解出：

$$
\begin{cases}
\varphi = \arcsin\dfrac{\sigma_{1g}-\sigma_{3g}-\sigma_{u}}{\sigma_{1g}+\sigma_{3g}-\sigma_{u}} \\[4mm]
c = \dfrac{\sigma_{u}}{2}\dfrac{1-\sin\varphi}{\cos\varphi}
\end{cases}
\tag{6.9}
$$

由式(6.9)可知，利用单轴贯入试验和无侧限单轴压缩试验的强度值，结合有限元求解得出的抗剪强度参数，可以求解出混合料的两个重要参数：黏聚力 c 和内摩擦角 φ。公式中无侧限抗压强度可以看成侧限为零的三轴试验结果，因此通过单轴压缩试验的具体数值，即可定出莫尔圆中 $\sigma_1 = \sigma_u$，$\sigma_3 = 0$，便可以画出第一个莫尔圆。对于单轴贯入试验，由于其不是单纯的三轴受力方式，如何确定出最大主应力、最小主应力成为问题的关键。由于空间半无限体的应力大小与其材料的模量无关，并且受泊松比影响很小，且不同类型的沥青混合料之间的泊松比相差较小，而单轴贯入试验的有限元模型与空间半无限体类似，其内力的大小也与材料的强度参数无关。因此，利用有限元建立单轴贯入模型，在荷载为1MPa的情况下求解出模型中最大剪应力($\tau_{\max}$)处的主应力值(σ_1 与 σ_3)，以此作为混合料的抗剪强度参数，由于单轴贯入试验中应力的大小与材料的强度参数无关，此参数对沥青混合料单轴贯入试验通用。有限元计算的基本抗剪强度参数见表6.6。

表 6.6　有限元计算的基本抗剪强度参数

参数名称	泊松比 μ	σ_1	σ_3	$\tau_{\max}$
强度参数取值	0.35	0.765	0.087	0.339

沥青混合料的力学强度是由矿质集料之间的嵌挤力(内摩擦力)、沥青与集料之间的黏聚力以及沥青的内聚力组成的。沥青混合料的抗剪强度为

$$\tau = c + \sigma \tan \varphi \tag{6.10}$$

式中，c 为沥青与集料之间的黏聚力，MPa；σ 为沥青混合料的侧向限制力，MPa；φ 为集料之间的内摩擦角，(°)。

利用 60℃的单轴贯入试验与 60℃的单轴压缩试验，对不同类型沥青混合料的材料性能进行研究，结果见表 6.7。分析试验结果可知：

表 6.7　抗剪强度试验结果

混合料类型	贯入强度/MPa	抗压强度/MPa	抗剪强度/MPa	c/MPa	φ/(°)	σ/MPa
SDA-10	3.878	0.758	1.315	0.148	47.26	1.078
SDA-13	3.802	0.758	1.289	0.149	47.12	1.058
SMA-10	3.633	0.724	1.232	0.142	47.13	1.011
SMA-13	3.449	0.736	1.169	0.146	46.63	0.966
AC-13	2.457	0.907	0.833	0.213	39.71	0.747
SDA-20	2.844	0.635	0.995	0.127	46.28	0.830
AC-20	2.056	0.840	0.689	0.208	37.38	0.630

(1)从单轴贯入试验结果可以得出，抗剪强度从高到低依次为 SDA-10、SDA-13、SMA-10、SMA-13、SDA-20、AC-13、AC-20。

(2)对于相同公称最大粒径的沥青混合料，采用骨架密实型沥青混合料(SDA 类、SMA 类)的单轴贯入抗剪强度大于采用悬浮密实型沥青混合料(AC 类)。

(3)从沥青与集料之间的黏聚力分析，相同公称最大粒径时，悬浮密实型沥青混合料(AC 类)沥青与集料之间的黏聚力大于骨架密实型沥青混合料(SDA 类、SMA 类)，主要是因为同样采用 SBS 改性沥青，悬浮密实型沥青混合料的细集料含量更高，细集料与沥青形成的沥青胶浆占整体沥青混合料的比例大于骨架密实型沥青混合料，提高了沥青与集

料之间的黏聚力。

(4)从集料之间的内摩擦角指标分析，相同公称最大粒径时，骨架密实型沥青混合料(SDA 类、SMA 类)集料之间的内摩擦角大于悬浮密实型沥青混合料(AC 类)，主要是因为骨架密实型沥青混合料的粗集料形成骨架相互嵌挤，提高了集料之间的内摩擦角。

(5)从沥青混合料的侧向限制力分析，相同公称最大粒径时，骨架密实型沥青混合料(SDA 类、SMA 类)的侧向限制力大于悬浮密实型沥青混合料(AC 类)，主要是因为骨架密实型沥青混合料的粗集料形成骨架相互嵌挤，限制了沥青混合料的流变能力。

(6)不同公称最大粒径的 SDA 类混合料抗剪强度从大到小依次为SDA-10、SDA-13、SDA-20，主要是由于采用的粒径分档数越多，集料与集料之间的干涉效应表现得越明显，SDA 设计方法只能降低这种干涉效应，而不能消除，不同公称最大粒径的 SMA 类混合料有相同的规律。

(7)对于骨架密实型沥青混合料，相同公称最大粒径的沥青混合料中，SDA 类混合料的抗剪强度略大于 SMA 类混合料，从沥青与集料之间的黏聚力、沥青混合料的侧向限制力、集料之间的内摩擦角三个指标分析，SDA 类混合料均略大于 SMA 类混合料，这是因为采用体积、力学参数设计的 SDA 类混合料比采用级配法设计的 SMA 类混合料更加精细，更能体现骨架密实结构的设计初衷。

(8)采用石灰岩设计的 SDA 类混合料的抗剪性能不低于采用玄武岩设计的 SMA 类混合料。

6.2.3　MMLS3 加速加载试验结果及分析

1. 试验设备

MMLS3 是有效的小型公路加速加载试验设备(图 6.4)，它体积较小、重量较轻、运输方便，既可用于室内试验，也可用于现场试验，MMLS3 可测试路面厚度达 125mm，能够模拟路面不同干湿条件和温度条件。模拟路面可在室内由专门的平台成型，也可对路面钻取的芯样进行试验。该设备的缺点是轮胎尺寸小，接地压强只能达到 0.7MPa 左右；

加载轮胎的尺寸仅为正常轮胎尺寸的 1/3,其荷载影响的范围有限。对整个路面结构而言,其作用效果不能模拟真正的行车荷载的作用效果,南非的科研人员曾在莫桑比克做过测试,历经一百万次加速加载作用后,路面产生的最大车辙仅为 4mm,但是通过车辙增长趋势的对比,可较容易区分沥青混合料的抗车辙性能,且与大型加速加载设备相比,MMLS3 测试的费用相对较低,通常只有大型加速加载设备费用的 1/10 或更少。在选定范围内与大型足尺加速加载试验车进行配合试验有一定的可比性。

图 6.4　小型公路加速加载试验设备 MMLS3

MMLS3 可用于如下方面的测试:①现场热干测试;②现场冷干测试;③现场湿测试;④模型路面(用室内振动碾压成型机及路面成型试模铺设实验室内的模拟路面)实验室测试;⑤钻芯室内试验。实验室内可对 $\Phi150mm$ 的芯样或试件进行加速加载试验,最大限度满足操作者的需求。

此设备最大加载频率为 7200 次/h,最大轮载为 2.9kN,作用轮为 300mm 的充气轮胎,最大轮压为 0.85MPa。它具有横向摆动功能系统,每侧最大摆动长度为 75mm。为了模拟荷载的实际分布状态(正态分布),该设备在运行中中间加载频率多于两侧加载频率。这套系统包括荷载模拟器、剖面测试仪、环境控制仓、制热系统、制冷系统、湿润路面烘干系统、室内振动碾压成型机及路面成型试模、试槽等。

(1)剖面测试仪(图 6.5)。剖面测试仪用来准确测量试验后路面的车辙，它的底侧面安装在 MMLS3 的下面，无须从路面升起或者移除机器即可进行测量，并配有 RS232 端口与计算机连接。剖面测试仪可沿轨道自动进行垂直及横向测量，沿轨道水平向按提示槽(位置)布置，间隔 50mm。

图 6.5　剖面测试仪 P900

(2)环境控制仓。MMLS3 一般作业于室内常温状态下，可使用制热、制冷系统将热、冷空气压向路面表层，以升高或降低温度。控制仓也可用于现场的路面试验，最大温度范围为–5～70℃。冷却过程中为防止结冰，应密封所有空气管道和箱底。由于箱底接触路面，密封箱底可防止外部空(湿)气进入箱中。

(3)制冷制热系统。本设备通过循环路面热、冷空气加热和冷却路面，应与环境控制仓联合使用，并装有活动轮。

(4)湿润路面烘干系统。MMLS3 可在路面洒水现场操作，在较高环境温度下，可用湿路面加热器喷洒热水升温，水可被循环利用。随时测试路面温度、水温，流速可控制以保证路面达到设定的温度。

(5)室内振动碾压成型机及路面成型试模。本设备用于制备试验模型路面。碾压辊通过手柄进行操作，引导轨长 4.5m，满幅宽(包括柄)1.8m。模架由镀锌钢板件制成，安装在辊筒引导轨之间，长、宽、高分别为 2500mm、900mm、300mm。

(6)试槽(图 6.6)。试槽的金属底座上有 9 个分开的圆形夹具,用于固定钻芯的沥青混合料样本,样本单独放置并固定在夹具上。湿操作时试验床放置在水中,9 个样本可自行加载。加热装置也可用于试验床样本干加热试验。剖面测试仪放置在样本对面的设定位置上,用来量度轨迹。测池中的水可循环,使用电加热系统控制加热至预定温度。湿路面的加热控制系统和干加热装置都可与试验床共同使用。

图 6.6　MMLS3 试槽

目前世界上尚未有明确的 MMLS3 试验方法,2002 年美国国家沥青技术中心(National Center for Asphalt Technology, NCAT)曾经提出一个试验标准:车辙测试标准温度为 50℃, 加载频率为 7200 次/h。NCAT 指出,MMLS3 车辙的深度由以下几方面决定:预计交通量、侧向漂移(即侧向约束的强弱)、道路周期中的气候条件、轮胎压力和层厚。NCAT 还规定,无论室内试验还是室外试验,轮胎气压应保持在 25℃、0.69MPa 的水平,加载次数一般为 100000 次, 根据 100000 次的车辙深度和发展趋势来判断材料的高温稳定性。试验的温度可根据 SHRP 的七天极端温度原则来决定。美国多采用从路面上钻芯取样的方法来制备试件,试件的厚度因取样路段不同而存在差异,所以 NCAT 并没有规定 MMLS3 试件的标准厚度。NCAT 规定的 50℃温度也与目前高温的认知(我国一般是 60℃)有出入, 根据交通运输部公路科学研究院的研究, 改性沥青混合料在 50℃和 60℃的车辙深度差别较大, 50℃时改性沥青混合料性能差异不大，试验温度提高到 65～75℃时较易区分混合料性能的优劣。此外，NCAT 以 100000 次加载的车辙深度作为混合料抗车辙性能的评判依据尚有待研究。

2. 试验温度

车辙与路面温度密切相关，在高温状态下，沥青混合料为黏弹塑性体，在荷载的作用下，较少的作用次数即可产生较大的永久变形，相反，当路面温度很低时，沥青混合料处于弹性状态，相同的荷载和作用次数只会产生很小的车辙或不产生车辙。在我国大部分地区，夏季的最高气温可以达到 35～40℃，沥青路面的最高温度要比最高气温高 25℃，可达到 60～65℃，加上高温持续时间长，可能使沥青路面在重交通作用下迅速变形破坏。结合我国对高温稳定性温度的普遍认知，此次 MMLS3 加速加载试验的试验温度设定为 60℃。

3. 试件高度

研究认为，决定车辙变形量大小的主要因素是混合料的抗剪切性能。从路面结构的剪切特性来看，在一定的范围内，车辙变形量受路面结构层厚度的影响不太明显，特别是基层厚度的影响更小。面层厚度的增加使沥青面层内的剪应力减小，对提高路面的抗剪切性能有利。国外的部分研究结果验证了这一结论，1997 年，Nunn 等对英国主干道路车辙平均发生率与沥青面层厚度之间的关系进行了研究，研究表明薄沥青路面(剪应力较大)更易发生车辙。对于沥青混合料试件，试件厚度的增加同样会减小剪应力，另外，在相同的空隙率条件下，试件厚度的增加会导致试件压缩变形量增大，从而导致结果的不可比性。

虽然路面厚度的增加可以一定程度上增加路面的抗车辙能力，但是路面并非越厚越好。路面的最佳厚度和沥青混合料的级配存在一定的关系，通常路面的最佳厚度是沥青混合料公称最大粒径的 2.5～4 倍。根据这一原理，考虑到本次试验沥青混合料的实际情况以及沥青混合料车辙试验尺寸的规定，确定本次试验试件高度为 50mm，以便进行结果的分析和比较。

4. 试件成型方法

目前国内应用较多的试件成型方法是马歇尔击实法和旋转压实法。马歇尔击实法是沥青混合料的主要成型方法，采用双面击实的方式进行。马歇尔击实锤击的方式与道路的实际碾压方式相差甚远，试件的击实功和混合料的密实程度与道路等级和交通量之间的关系主要依据经验确定。马歇尔击实法最根本的缺陷在于整个指标体系既不能反映沥青混合料的力学性能，也不能反映沥青路面的技术性能，因此不能准确预估路面的长期抗车辙性能。旋转压实仪的压实过程较接近路面的实际压实状态，它可以近似地模拟车辆在公路上行驶时轮胎与路面的相互作用，通过旋转压实(旋转角度 1.25°、压力 0.6MPa)使试件中沥青混合料的密实度达到汽车轮胎实际作用于路面时所产生的密实度，压实程度可以达到最大理论密度的 98%以上。

本次试件成型的方法采用旋转压实成型。

5. 试验荷载

MMLS3 最大轮载为 2.9kN，作用轮为直径 300mm 的充气轮胎，最大轮压为 850kPa。按照 NCAT 的规定(25℃、0.69MPa)对轮胎进行充气，将轮胎置于装好试件的底座之上，保证试件温度为 60℃，保温 4h 并运行 2h，对轮胎接地面积进行测试，测试结果为 39.4cm^2，平均接地压力为 0.71MPa。

6. 材料类型

本次试验选择 SMA-10、SMA-13、AC-13 混合料与 SDA-10、SDA-13 混合料进行对比，AC-20 混合料与 SDA-20 混合料进行对比，以上七种混合料材料和级配与 6.1 节相同。

7. 试验结果与分析

用 MMLS3 进行加载，加载频率为 7200 次/h，分别在加载 2500 次、5000 次、10000 次、50000 次、150000 次、300000 次时用剖面测试仪测量车辙深度，测量宽度为 200mm。每 1mm 取值一次，共 200 个测量点，取试件宽度内的 150 个测量数据。试验结果如图 6.7～图 6.15 和表 6.8～表 6.14 所示。

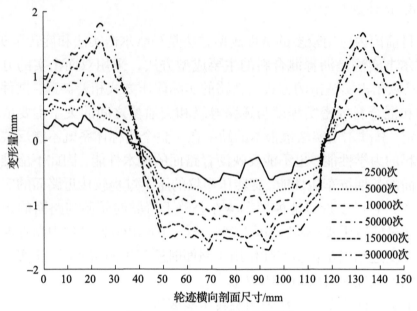

图 6.7　SDA-10 车辙剖面图

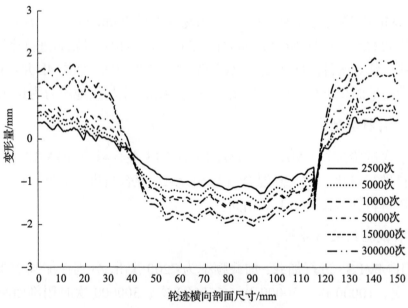

图 6.8　SDA-13 车辙剖面图

表 6.8　SDA-10 在不同加载次数下的车辙变形量

加载次数 /次	隆起高度 /mm	凹陷深度 /mm	高低点之差 /mm	隆起占车辙比例/%	凹陷占车辙比例/%
2500	0.383	−0.668	1.051	36.4	63.6
5000	0.615	−0.917	1.532	40.1	59.9
10000	0.804	−1.154	1.958	41.1	58.9
50000	1.200	−1.361	2.561	46.9	53.1
150000	1.520	−1.578	3.098	49.1	50.9
300000	1.814	−1.699	3.513	51.6	48.4

表 6.9　SDA-13 在不同加载次数下的车辙变形量

加载次数 /次	隆起高度 /mm	凹陷深度 /mm	高低点之差 /mm	隆起占车辙比例/%	凹陷占车辙比例/%
2500	0.514	−1.271	1.785	28.8	71.2
5000	0.763	−1.482	2.245	34.0	66.0
10000	0.937	−1.634	2.571	36.5	63.5
50000	1.184	−1.647	2.831	41.8	58.2
150000	1.560	−1.923	3.483	44.8	55.2
300000	1.897	−2.033	3.930	48.3	51.7

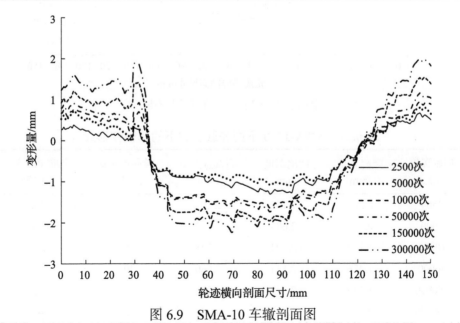

图 6.9　SMA-10 车辙剖面图

表 6.10　SMA-10 在不同加载次数下的车辙变形量

加载次数 /次	隆起高度 /mm	凹陷深度 /mm	高低点之差 /mm	隆起占车辙 比例/%	凹陷占车辙 比例/%
2500	0.652	−1.307	1.959	33.3	66.7
5000	0.788	−1.106	1.894	41.6	58.4
10000	0.935	−1.645	2.580	36.2	63.8
50000	1.144	−1.741	2.885	39.7	60.3
150000	1.522	−1.986	3.508	43.4	56.6
300000	1.975	−2.235	4.210	46.9	53.1

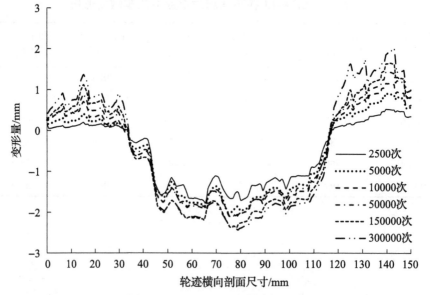

图 6.10　SMA-13 车辙剖面图

表 6.11　SMA-13 在不同加载次数下的车辙变形量

加载次数 /次	隆起高度 /mm	凹陷深度 /mm	高低点之差 /mm	隆起占车辙 比例/%	凹陷占车辙 比例/%
2500	0.523	−1.772	2.295	22.8	77.2
5000	0.918	−2.005	2.923	31.4	68.6
10000	1.154	−2.094	3.248	35.5	64.5
50000	1.436	−2.124	3.560	40.3	59.7
150000	1.655	−2.370	4.025	41.1	58.9
300000	2.017	−2.435	4.452	45.3	54.7

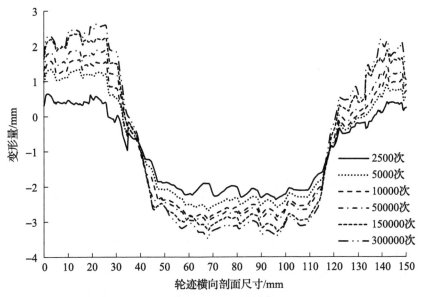

图 6.11　SDA-20 车辙剖面图

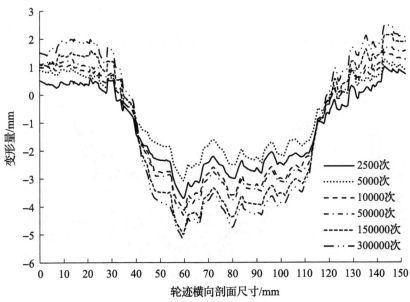

图 6.12　AC-13 车辙剖面图

表 6.12　SDA-20 在不同加载次数下的车辙变形量

加载次数 /次	隆起高度 /mm	凹陷深度 /mm	高低点之差 /mm	隆起占车辙 比例/%	凹陷占车辙 比例/%
2500	0.649	−2.368	3.017	21.5	78.5
5000	1.349	−2.681	4.030	33.5	66.5
10000	1.616	−2.940	4.556	35.5	64.5
50000	1.888	−3.068	4.956	38.1	61.9
150000	2.355	−3.281	5.636	41.8	58.2
300000	2.624	−3.482	6.106	43.0	57.0

表 6.13　AC-13 在不同加载次数下的车辙变形量

加载次数 /次	隆起高度 /mm	凹陷深度 /mm	高低点之差 /mm	隆起占车辙 比例/%	凹陷占车辙 比例/%
2500	1.002	−3.700	4.702	21.3	78.7
5000	1.257	−3.076	4.333	29.0	71.0
10000	1.510	−4.113	5.622	26.9	73.1
50000	1.694	−4.327	6.021	28.1	71.9
150000	2.141	−4.986	7.127	30.0	70.0
300000	2.489	−5.114	7.603	32.7	67.3

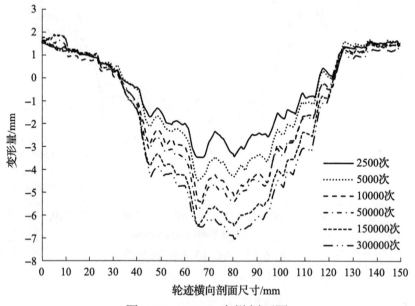

图 6.13　AC-20 车辙剖面图

表 6.14　AC-20 在不同加载次数下的车辙变形量

加载次数 /次	隆起高度 /mm	凹陷深度 /mm	高低点之差 /mm	隆起占车辙 比例/%	凹陷占车辙 比例/%
2500	1.632	−3.458	5.090	32.1	67.9
5000	1.679	−4.466	6.145	27.3	72.7
10000	1.643	−5.402	7.045	23.3	76.7
50000	1.672	−5.770	7.442	22.5	77.5
150000	1.890	−6.461	8.351	22.6	77.4
300000	1.842	−7.013	8.855	20.8	79.2

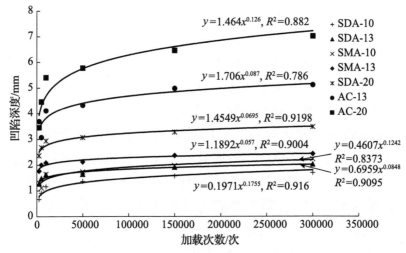

图 6.14　凹陷深度回归图

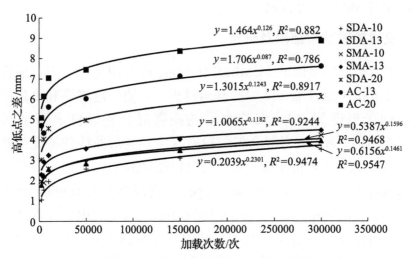

图 6.15　变形量高低点之差回归图

由试验结果分析可知：

(1)从凹陷深度和高低点之差的发展程度分析，其发展程度大于现实荷载作用下的发展程度，60℃高温和加速加载的共同作用增大了凹陷深度和高低点之差的发展程度。

(2)从凹陷深度和变形量高低点之差的回归图分析，各种沥青混合料凹陷深度和高低点之差的增长曲线呈现幂指数增长趋势，与现实车辙深度的发展规律相同。

(3)从凹陷深度和高低点之差分析，抗车辙性能从高到低依次为SDA-10、SDA-13、SMA-10、SMA-13、SDA-20、AC-13、AC-20，与车辙和单轴贯入抗剪强度试验结果相验证。

(4)从隆起高度和凹陷深度的比值可以发现，对于相同公称最大粒径的沥青混合料，采用骨架密实型沥青混合料(SDA类、SMA类)的抗车辙能力大于悬浮密实型沥青混合料(AC类)。

(5)从凹陷底部曲线分析，采用骨架密实型沥青混合料(SDA类、SMA类)的底部基本较平，凹陷基本发生在荷载边缘；悬浮密实型沥青混合料(AC类)的底部较陡，特别是AC-20混合料基本呈现倒三角形，与加载轮胎底部相似，表明骨架密实型沥青混合料抗车辙能力基本呈现整体性，而悬浮密实型沥青混合料抗车辙能力整体性较差。

(6)采用石灰岩设计的SDA类混合料的抗车辙性能不低于采用玄武岩设计的SMA类混合料。

6.2.4　汉堡轮辙试验结果及分析

汉堡轮辙试验(Hamburg wheel-tracking test)用于测定沥青混合料的水稳定性及抗车辙性能。试验的基本过程为：使一定规格和重量的钢制轮在浸泡于温度为40～55℃水中的沥青混合料试件表面来回碾压20000次，通过测量沥青混合料的轮辙深度和变形曲线的特征判断沥青混合料的水稳定性和抗车辙性能。汉堡轮辙试验的评价指标有轮辙深度(rutting depth)、蠕变线(rutting slope)、剥落拐点(stripping inflection point)、剥落线(stripping slope)等(图6.16)。蠕变线用于评价沥青混合料的抗车辙性能，剥落拐点及剥落线用于评价沥青混合料的水稳定性。最大轮辙深度则综合反映了沥青混合料的路用性能。

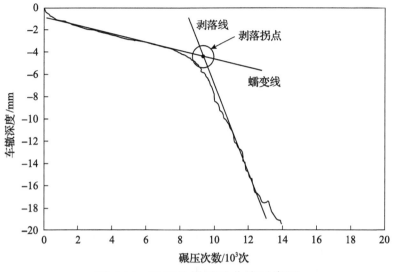

图 6.16　汉堡轮辙试验曲线示意图

关于汉堡轮辙试验的评价指标，美国科罗拉多州交通部认为，当剥落拐点处碾压次数小于 10000 次时，沥青混合料水稳定性能较差。NCAT基于密级配沥青路面的水损害、车辙与汉堡轮辙试验相关性的研究结果，建议碾压 10000 次时最大变形深度不应超过 4mm，碾压 20000 次时最大变形深度不应超过 10mm。AASHTO　T324 规范根据沥青胶结料的 PG 等级提出相应的指标要求，见表 6.15。

表 6.15　AASHTO T324 规范汉堡轮辙试验要求

沥青胶结料等级	碾压以下次数时轮辙深度不高于 12.5mm（试验温度为 50℃）
PG64 或更低	10000
PG70	15000
PG76 或更高	20000

与传统的轮辙试验相比，如我国常用的车辙试验，汉堡轮辙试验是目前测试沥青混合料水敏感性和抗车辙性能试验条件最苛刻的试验之一，而且汉堡轮辙试验结果与沥青混合料的现场性能具有良好的相关性，因此能达到汉堡轮辙试验指标要求的沥青混合料一般都具有优良的路用性能。

将 SDA-10、SDA-13、SMA-10、SMA-13、SDA-20、AC-13、AC-20混合料按照旋转压实的成型方式，成型空隙率 7%、高 100mm、直径

150mm 的试件，然后按照图 6.17 的试模尺寸切割，试件高度为 62mm±2mm。水浴温度控制在 50℃±1℃。试验结果如图 6.18 和表 6.16 所示。

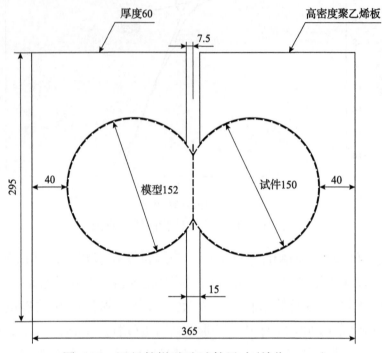

图 6.17　汉堡轮辙试验试件尺寸（单位：mm）

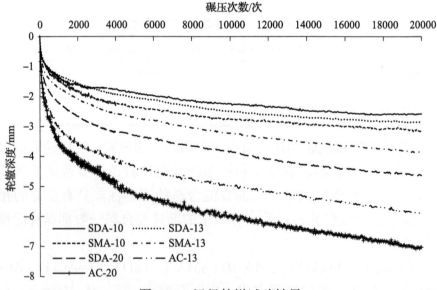

图 6.18　汉堡轮辙试验结果

表 6.16　汉堡轮辙试验结果

混合料类型		SDA-10	SDA-13	SMA-10	SMA-13	SDA-20	AC-13	AC-20
轮辙深度 /mm	10000 次	2.247	2.488	2.752	3.217	3.837	4.962	5.994
	20000 次	2.588	2.851	3.133	3.859	4.615	5.873	7.034

由试验结果分析可知：

（1）SDA-10、SDA-13、SMA-10、SMA-13、SDA-20、AC-13、AC-20 混合料试件在 50℃汉堡轮辙试验中均未出现剥落拐点，并且碾压 20000 次的最大轮辙深度均小于 12.5mm，表明上述沥青混合料均具有良好的抗车辙能力和抗水损害能力。

（2）从碾压 10000 次和碾压 20000 次的轮辙深度分析可知，七种混合料的抗车辙能力从高到低依次为 SDA-10、SDA-13、SMA-10、SMA-13、SDA-20、AC-13、AC-20，与车辙试验、单轴贯入抗剪强度试验和 MMLS 加速加载试验结果相验证。

（3）从沥青混合料类型分析，采用骨架密实型沥青混合料（SDA 类、SMA 类）的抗车辙能力明显高于悬浮密实型沥青混合料（AC 类）。

（4）采用石灰岩设计的 SDA 类混合料的抗车辙性能并不低于采用玄武岩设计的 SMA 类混合料。

6.3　抗水损害能力

6.3.1　水损害的定义及形成机理

水损害是沥青路面在水或冻融循环的作用下，由于汽车车轮动态荷载的作用，进入路面空隙中的水不断产生动水压力或受到真空负压抽吸的反复循环作用，水分逐渐渗入沥青与集料的界面，使沥青黏附性降低并逐渐丧失黏结力，沥青膜从石料表面脱落（剥离），沥青混合料掉粒、松散，继而形成沥青路面的坑槽、推挤变形等损坏现象。除荷载及水分供给条件等外在因素外，沥青混合料的抗水损害能力是决定路面水稳定性的根本性因素。它主要取决于矿料的性质、沥青与矿料之间的相互作用，以及沥青混合料的空隙率、沥青膜的厚度等。

6.3.2　浸水马歇尔稳定度试验结果及分析

浸水马歇尔稳定度试验按《公路工程沥青及沥青混合料试验规程》(JTG E20—2011)的规定进行，一组马歇尔试件在 60℃水中恒温 30min 后测其稳定度，另一组马歇尔试件在 60℃水中恒温 48h 后测其稳定度，再将二者进行对比来评价混合料的水稳定性。试件的浸水残留稳定度为

$$MS_0 = \frac{MS_1}{MS} \times 100\% \qquad (6.11)$$

式中，MS_0 为试件的浸水残留稳定度，%；MS_1 为试件浸水 48h 后的稳定度，kN；MS 为试件浸水 30min 后的稳定度，kN。

浸水马歇尔稳定度试验结果见表 6.17。可以看出，SDA-10、SDA-13、SMA-10、SMA-13、AC-13、SDA-20、AC-20 混合料的浸水残留稳定度均大于 90%，表明上述沥青混合料的抗水损害能力均良好。

表 6.17　浸水马歇尔稳定度试验结果

混合料类型	MS/kN	MS_1/kN	MS_0/%
SDA-10	10.57	10.59	100.2
SMA-10	9.52	9.43	99.1
SDA-13	14.23	14.34	100.8
SMA-13	13.22	13.14	99.4
AC-13	12.02	11.84	98.5
SDA-20	13.92	13.12	94.3
AC-20	11.41	11.64	102.0

6.3.3　冻融劈裂试验结果及分析

严格参照《公路工程沥青及沥青混合料试验规程》(JTG E20—2011)的要求进行试验。评价指标为冻融劈裂抗拉强度比(tensile strength ratio, TSR)，试件成型与马歇尔成型方法一致，双面击实各 50 次。将试件随机分成两组，第一组试件置于平台上，在室温下保存备用，第二组试件真空饱水及冻融循环过程如下：

(1)试件在 0.09MPa 真空度下浸水抽真空 15min，恢复常压后浸水放置 0.5h。

(2)试件加 10mL 水密闭于塑料袋中，在−18℃恒温冰箱中放置 16h。

(3)取出试件撤去塑料袋，置于 60℃恒温水槽中水浴保温 24h。

将第一组与第二组试件在 25℃恒温水槽中浸泡 2h 后进行劈裂试验，测试试验最大荷载。

按式(6.12)～式(6.14)计算冻融劈裂抗拉强度比。

$$R_{T1} = \frac{0.006287P_{T1}}{h_1} \tag{6.12}$$

$$R_{T2} = \frac{0.006287P_{T2}}{h_2} \tag{6.13}$$

$$TSR = \frac{\overline{R_{T2}}}{\overline{R_{T1}}} \times 100\% \tag{6.14}$$

式中，R_{T1} 为第一组单个试件的劈裂抗拉强度，MPa；R_{T2} 为第二组单个试件的劈裂抗拉强度，MPa；P_{T1} 为第一组单个试件的试验荷载值，N；P_{T2} 为第二组单个试件的试验荷载值，N；h_1 为第一组单个试件的高度，mm；h_2 为第二组单个试件的高度，mm；TSR 为冻融劈裂抗拉强度比，%；$\overline{R_{T1}}$ 为未冻融循环的第一组有效试件劈裂抗拉强度平均值，MPa；$\overline{R_{T2}}$ 为冻融循环后的第二组有效试件劈裂抗拉强度平均值，MPa。

冻融劈裂试验结果见表 6.18。可以看出，SDA-10、SDA-13、

表 6.18　冻融劈裂试验结果

混合料类型	未冻融劈裂抗拉强度/MPa	冻融劈裂抗拉强度/MPa	TSR/%
SDA-10	1.05	0.94	89.5
SMA-10	0.91	0.82	90.1
SDA-13	0.94	0.86	91.5
SMA-13	0.88	0.79	89.8
AC-13	1.01	0.86	85.1
SDA-20	1.07	0.92	86.0
AC-20	1.11	0.95	85.6

SMA-10、SMA-13、AC-13、SDA-20、AC-20 混合料的冻融劈裂强度比均大于 80%。试验结论与浸水马歇尔稳定度试验相同，上述沥青混合料的抗水损害能力均良好。

6.4 低温抗裂性

6.4.1 低温开裂的影响因素及形成机理

沥青路面使用期开裂是世界各国普遍存在的问题，沥青路面在温度骤降和温差较大的地区，会由于温度应力而产生裂缝。沥青路面的低温开裂有两种形式：低温开裂和疲劳开裂。低温开裂多发生在我国北方冬季寒冷地区，疲劳开裂在南方温度变化频繁的地区也时有发生。

沥青混合料的低温开裂不仅破坏了路面的连续性、整体性及美观性，而且水分会不断从裂缝中进入基层、路基，加速了路面破坏。因此，评定沥青混合料的低温性能具有重要意义。

6.4.2 低温弯曲试验结果及分析

采用低温小梁弯曲试验评定沥青混合料的低温抗裂性能，按照《公路工程沥青及沥青混合料试验规程》（JTG E20—2011）的要求切割 250mm×30mm×35mm 尺寸的标准试件，试验加载速率为 50mm/min，试验温度为–10℃。按式(6.15)～式(6.17)分别计算试件破坏时的梁底最大弯拉应变、抗弯拉强度及破坏时的弯曲劲度模量。抗弯拉强度是沥青混合料抵抗弯拉应力作用能力的表征，抗弯拉强度越高，表征材料具有越强的抵抗破坏的能力，低温时抗收缩应力的能力就越强，相应的沥青混合料就具备越高的低温抗裂性能。

$$\varepsilon_B = \frac{6 \times h \times d}{L^2} \qquad (6.15)$$

$$R_B = \frac{3 \times L \times P_B}{2 \times b \times h^2} \qquad (6.16)$$

$$S_B = \frac{R_B}{\varepsilon_B} \qquad (6.17)$$

式中，ε_B 为试件破坏时的最大弯拉应变，10^{-6}；R_B 为试件破坏时的抗弯拉强度，MPa；S_B 为试件破坏时的弯曲劲度模量，MPa；b 为跨中断面试件的宽度，mm；h 为跨中断面试件的高度，mm；L 为试件的跨径，mm；P_B 为试件破坏时的最大荷载，N；d 为试件破坏时的跨中挠度，mm。

混合料低温弯曲试验结果见表 6.19 和图 6.19。可以看出，SDA 类混合料的抗弯拉强度、弯曲劲度模量和破坏弯拉应变均与 SMA 类混合料相当，且高于 AC 类混合料。这是因为骨架嵌挤型沥青混合料相比于悬浮密实型沥青混合料，集料相对较粗，集料比表面积较小，且在较高沥青用量下集料上沥青包裹得更为密实，黏聚力更好，所以其低温弯拉特性比较好。

表 6.19　混合料低温弯曲试验结果

混合料类型	抗弯拉强度/MPa	弯曲劲度模量/MPa	破坏弯拉应变/10^{-6}
SDA-10	15.32	3759.5	4075
SMA-10	15.26	3839.0	3975
SDA-13	14.79	3636.6	4067
SMA-13	14.59	3601.6	4051
AC-13	12.86	4065.8	3163
SDA-20	13.64	3829.3	3562
AC-20	11.16	3922.7	2845

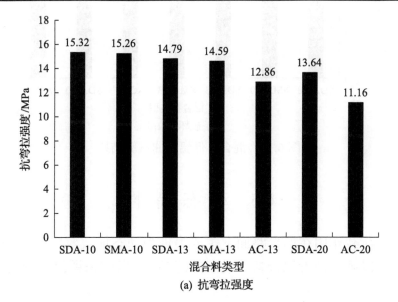

(a) 抗弯拉强度

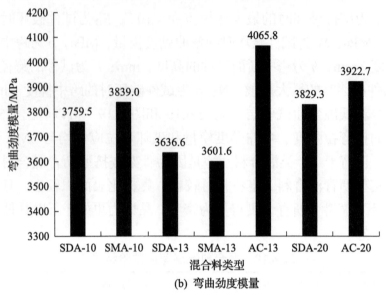

(b) 弯曲劲度模量

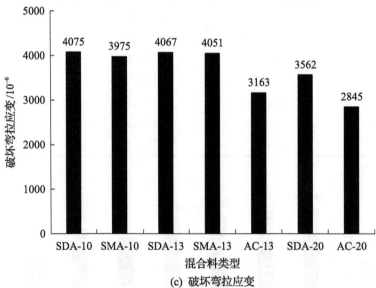

(c) 破坏弯拉应变

图 6.19　混合料低温弯曲试验结果

6.5　动 态 特 性

　　行车荷载作用在沥青路面上主要表现为动态加载效应，需通过一定的试验手段确定沥青混合料的动态性能参数，以此来评价沥青混合料实际的路用状态。具有黏弹效应的沥青混合料复数模量是应力应变的响应，而动态模量即为复数模量的绝对值。

选取高等沥青路面表面层常用的玄武岩 SMA-13 混合料与同等公称最大粒径的石灰岩 SDA-13 混合料进行对比。

利用 SPT 动态模量试验机进行单轴压缩动态模量试验，得到不同试验温度和不同荷载作用频率下的沥青混合料动态模量来评定其动态特性。运用旋转压实仪成型沥青混合料试件，严格按照《公路工程沥青及沥青混合料试验规程》(JTG E20—2011)的要求切割 ϕ 100mm×150mm 的标准动态模量试验试件。SPT 动态模量试验机如图 6.20 所示，操作界面如图 6.21 所示。

图 6.20　SPT 动态模量试验机

6.5.1　确定动态模量主曲线

黏弹性材料的时间-温度等效原理：同样的力学性质可以在低温-低频(长时间)或高温-高频(短时间)下得到。以时间-温度等效原理为依据，借助部分动态模量试验数据，平移不同温度下的数据，各段温度曲线能形成一条单一光滑曲线，即动态模量主曲线，可以用函数来表示该曲线，并由此外推所需不同温度和频率下的动态模量值。

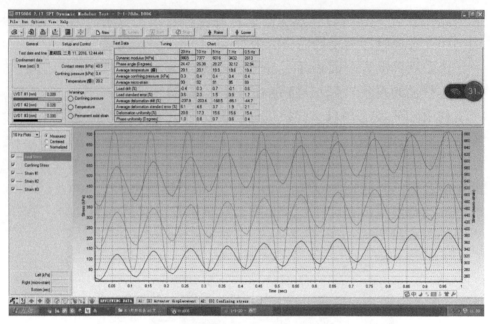

图 6.21　SPT 动态模量试验操作界面(20℃，10Hz)

首先，动态模量可以用 Sigmoidal 函数来表示：

$$\lg\left|E^*\right| = \delta + \frac{\text{Max} - \delta}{1 + e^{\beta + \gamma \lg f_r}} \tag{6.18}$$

式中，δ、β 和 γ 为拟合参数；Max 为极限最大动态模量对数；f_r 为缩减频率，Hz。确定过程如下：

(1)以试验确定的体积参数通过 Hirsch 模型计算极限最大动态模量，取极限最大动态模量的对数作为 Max。

$$
\left.\left|E^*\right|\right|_{\max} = P_c\left[4200000\left(1 - \frac{\text{VMA}}{100}\right) + 435000 \times \frac{\text{VFA} \cdot \text{VMA}}{10000}\right] \\
+ \frac{1 - P_c}{\dfrac{\left(1 - \dfrac{\text{VMA}}{100}\right)}{4200000} + \dfrac{\text{VMA}}{435000\text{VFA}}} \tag{6.19}
$$

式中，$\left.\left|E^*\right|\right|_{\max}$ 为极限最大动态模量，psi(1psi=0.006895MPa)；P_c 为集料骨架接触度，按式(6.20)计算；VMA 为矿料间隙率，%；VFA 为沥青

饱和度，%。

$$P_\mathrm{c} = \frac{\left(20 + \dfrac{435000\mathrm{VFA}}{\mathrm{VMA}}\right)^{0.58}}{650 + \left(\dfrac{435000\mathrm{VFA}}{\mathrm{VMA}}\right)^{0.58}} \tag{6.20}$$

(2) 选择动态模量主曲线的参考温度 T_r，本书取 20℃ (293.15K) 作为参考温度。

(3) 缩减频率 f_r 与加载频率 f 和移位因子 $\alpha(T)$ 具有如下关系：

$$f_\mathrm{r} = f \cdot \alpha(T)$$
$$\lg f_\mathrm{r} = \lg f + \lg \alpha(T) \tag{6.21}$$

每一温度条件下的移位因子可采用 Arrhenius 函数表示，即

$$\lg \alpha(T) = \frac{\Delta E_\mathrm{a}}{2.303R}\left(\frac{1}{T} - \frac{1}{T_\mathrm{r}}\right) \tag{6.22}$$

式中，T 为温度，K；ΔE_a 为活化能，回归系数，J/mol；R 为气体常数，为 8.314J/(K·mol)。

将式 (6.21) 和式 (6.22) 整理代入式 (6.19)，则 Sigmoidal 函数变为

$$\lg|E^*| = \delta + \frac{\mathrm{Max} - \delta}{1 + e^{\beta + \gamma\left[\lg f + \frac{\Delta E_\mathrm{a}}{19.14714}\left(\frac{1}{T} - \frac{1}{T_\mathrm{r}}\right)\right]}} \tag{6.23}$$

(4) 利用规划求解进行数值优化，从而确定四个拟合参数。计算每一温度/频率的动态模量实测均值的对数与预估值的对数之差的平方和，调整四个参数，使该平方和最小，约束条件为

$$\mathrm{Sum} = \min\left[\sum\left(\lg E_{i,\mathrm{measured}} - \lg E_{i,\mathrm{predicted}}\right)^2\right] \tag{6.24}$$

拟合参数初始值为 $\delta = 0.5$，$\beta = -1.0$，$\gamma = -0.5$，$\Delta E_\mathrm{a} = 200000$J/mol。

(5) 检验拟合精度。计算每个温度/频率组合下实测动态模量对数值的标准差 S_y：

$$S_y = \sqrt{\frac{1}{n-1} \sum_{i=1}^{n} \left(\lg|E^*|_i - \overline{\lg|E^*|_i} \right)^2} \tag{6.25}$$

计算不同温度/频率组合下动态模量预估值对数与实测值对数的标准估计误差 S_e：

$$S_e = \sqrt{\frac{1}{n-1} \sum_{i=1}^{n} \left(\lg|\hat{E}^*|_i - \lg|E^*|_i \right)^2} \tag{6.26}$$

计算说明 R^2 为

$$R^2 = 1 - \frac{8S_e^2}{9S_y^2} \tag{6.27}$$

其中，拟合精度要求为

$$\frac{S_e}{S_y} \leqslant 0.05 \quad \text{且} \quad R^2 > 0.99$$

(6)将 Max、δ、β、γ、ΔE_a 代入动态模量主曲线的方程，即可得到主曲线计算公式。其中，利用本章实例求得的 SMA-13 和 SDA-13 混合料的拟合参数值见表 6.20。

表 6.20　两种沥青混合料主曲线拟合参数

沥青混合料	δ	β	γ	$\Delta E_a/$(J/mol)	S_e/S_y	R^2
SMA-13	4.312	−0.372	−0.604	199999.9997	0.0023	0.99999947
SDA-13	4.411	−0.480	−0.734	199999.9998	0.0013	0.99999979

至此，两种沥青混合料的动态模量主曲线计算公式即可求得，SMA-13 混合料的动态模量主曲线计算公式为

$$\lg|E^*| = 4.312 + \frac{2.201}{1 + e^{-0.372 - 0.604\left[\lg f + 10445.4\left(\frac{1}{T} - \frac{1}{20}\right)\right]}} \tag{6.28}$$

SDA-13 混合料的动态模量主曲线计算公式为

$$\lg\left|E^*\right|=4.411+\cfrac{2.116}{1+e^{-0.480-0.734\left[\lg f+10445.4\left(\frac{1}{T}-\frac{1}{20}\right)\right]}} \qquad (6.29)$$

6.5.2　试验结果及评价

按照如上所述确定动态模量主曲线的方法，整合 5℃、20℃、35℃、50℃四个温度点和 0.5Hz、1Hz、5Hz、10Hz、20Hz 五个频率的动态模量曲线，利用时间-温度等效原理，以 20℃为基准温度绘制 SMA-13 和 SDA-13 两种沥青混合料的动态模量主曲线，如图 6.22 和图 6.23 所示。

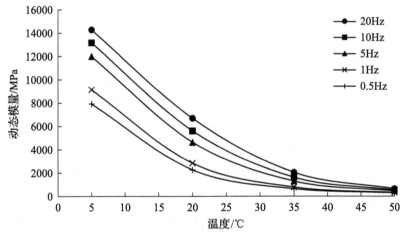

图 6.22　不同频率的 SMA-13 混合料动态模量主曲线

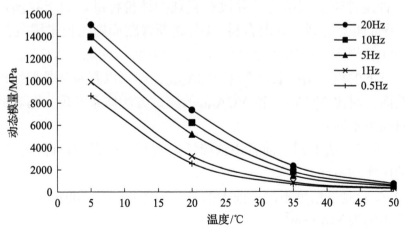

图 6.23　不同频率的 SDA-13 混合料动态模量主曲线

上述结果表明，SDA-13 混合料高频区动态模量高于 SMA-13 混合料，低频区动态模量两者几乎无差别。结合抗剪强度数据可知，高抗剪强度的 SDA-13 混合料具有良好的高温稳定性，SMA-13 混合料低温性能优良。另外，SDA-13 混合料的 20℃、10Hz 动态模量为 7518MPa，比相同条件下 SMA-13 混合料的动态模量 5724MPa 高 31%，说明在接近沥青路面实际受力状态的情况下，SDA-13 混合料性能更优。

6.6　基于图像技术的粗集料骨架作用评价

骨架密实型沥青混合料具有耐磨、抗滑、密实、耐久、抗疲劳、抗高温车辙、减少低温开裂等优点，可有效延长路面的使用寿命，被广泛用于高等级路面。关于骨架密实型沥青混合料的定义多为：由粗集料互相嵌挤形成骨架，由一定数量的细集料和沥青胶浆填充粗骨架间的空隙，达到密实作用，从而形成骨架密实的结构。

对于骨架密实型沥青混合料，国内外均没有一个具体的设计方法，通常是根据以往的工程经验，形成一个级配范围。对于具体工程，根据所采用的路用材料特性和相近地区的建设经验，选择一条或者三条级配曲线，根据试配后的沥青混合料的性能指标是否符合规范标准来判断级配是否合适，通过不同级配的性能指标比选来确定最终级配。对于最终级配是否是骨架密实结构，并没有直观的评价标准。对于我国常用的 SMA 类骨架密实型沥青混合料，《公路沥青路面施工技术规范》(JTG F40—2004)规定，压实沥青混合料的粗集料骨架间隙率 VCA_{mix} 不大于捣实状态下的粗集料松装间隙率 VCA_{DRC}，即可以判断是骨架结构。

然而，对比 VCA_{DRC} 和 VCA_{mix} 的测试方法体系发现，两者的试验方法有如下不同：

(1)压实方法不同，前者用铁棒插捣密实，后者用重锤冲击压实，两者的压实功不同。

(2)试验测量精度不同，前者的密实后体积约为 10014cm^3，后者的压实体积约为 514.8cm^3。

(3)所用密度指标的测试体系不同，前者的试样体积固定，计算

VCA$_{DRC}$ 采用体积法毛体积密度，包括试样表面的所有空隙；而计算 VCA$_{mix}$ 时采用水中重法毛体积密度，未包括试样表面的粗大空隙。

因此，采用 VCA$_{DRC}$ 和 VCA$_{mix}$ 进行比较存在测量方法不同导致的系统误差，并且对工程配合比实践而言，根据山东省 SMA-13 混合料的配合比设计经验，级配变化对 VCA$_{DRC}$ 和 VCA$_{mix}$ 均不敏感，且在级配范围内的不同设计级配，VCA$_{DRC}$ 数值远大于 VCA$_{mix}$ 数值。因此，采用压实沥青混合料的粗集料骨架间隙率 VCA$_{mix}$ 不大于捣实状态下的粗集料松装间隙率 VCA$_{DRC}$ 只能表征设计级配存在骨架作用，并不能表征骨架作用的程度。

在沥青混合料的级配研究中，对于二维图像的处理已经较为成熟。大量的研究表明，采用二维图像识别方法可以良好地表征沥青混合料的集料分布、形状特性、接触特性和空隙特征。本书采用山东省交通规划设计院集团有限公司自主研发的图像识别软件 SDCPD-A，对表面层常用的 SDA-10、SDA-13、SMA-10、SMA-13 混合料级配的骨架作用进行分析。

6.6.1　SDCPD-A 软件功能

(1)图片预处理，区分沥青混合料中集料、沥青胶浆、空隙等单体物质。

(2)输入最小计算粒径（≥2.36mm）和集料接触阈值。

(3)按照公路集料粒径识别出大于最小计算粒径的各档集料并进行编号，提取各个集料面积、质心坐标、集料边界坐标等。

(4)识别最小半径以上的集料互相之间的接触点数量、接触线数量、接触点和接触线以集料编号进行配对并加以标识。

(5)输出各个集料与各档集料接触点与接触线统计表。

6.6.2　图片预处理

图片预处理所采用的技术路线为：①用 CCD 数码相机获取沥青混合料全色数字图像；②采用均值滤波、自适应滤波等方法，对图像进行降噪处理，以减小成像设备与外部环境噪声对图像的影响；③将图像转化为灰度图像来处理集料颗粒的边界与区域，如图 6.24(a)所示；④使用双峰法、大津法等阈值分割法确定图像阈值，对图像进行二值化处理，将集料转化成白色，再将空隙和沥青胶浆转化成黑色，以黑白二值图像分离出单个集料颗粒；⑤通过边缘强化、滤波等手段进一步区分沥青混合料中集料、沥青胶浆、空隙等单体物质，并加以研究，如图 6.24(b)所示。

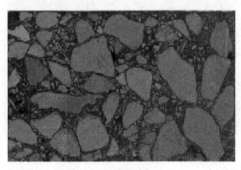 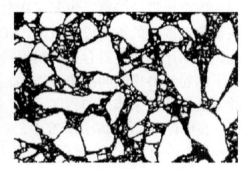

(a) 灰度图像　　　　　　　　　　　　(b) 边缘强化后的二值图像

图 6.24　沥青混合料试件图像处理过程

6.6.3　接触状态识别标准

判断粗集料是否接触是 SDCPD-A 软件的关键技术，石立万等[25]将接触点作为描述粗集料之间空间接触关系的判断标准与量化指标，接触阈值作为接触点是否存在的判断标准。当沥青混合料试件的截面图像中任意两个相邻粗集料边界的最近距离小于设定的接触阈值时，则判断为这两个相邻粗集料接触。

关于接触阈值的确定，目前尚无统一标准，Coenen 等[26]将接触阈值设置为集料最小计算粒径的 25%；段跃华等[27]在集料接触分析中以 2 个像素的距离作为接触阈值，即约为最小计算粒径的 20%；蔡旭等[28]通过对接触概率的分析认为接触阈值取集料最小计算粒径的 23%更为合理；石立万和王端宜[29]在集料接触分析中也认为接触阈值取集料最小计算粒径的 23%更为合理；英红等[30]认为接触阈值不能是统一值，应该随分析集料粒径大小的变化而变化，最小为 0.6mm。本书综合以上研究成果，确定接触阈值为集料最小计算粒径的 23%。

本书在接触点的基础上定义接触线。接触点的识别如图 6.25(a)所示。接触线定义为两个有接触点的相邻集料质心的连线，如图 6.25(b)所示。接触点与接触线分别以集料编号进行配对。

　　　　(a) 接触点　　　　　　　　　　　　　　(b) 接触线

图 6.25　接触点与接触线

6.6.4　相关骨架作用参数

　　将有接触点的粗集料定义为骨架粗集料, 将没有接触点的粗集料定义为游离粗集料, 将骨架粗集料个数与所有粗集料个数的比值定义为粗集料骨架比, 表征起骨架作用粗集料的比例, 即

$$P_c = \frac{N_c}{N} \times 100\% \tag{6.30}$$

式中, P_c 为粗集料骨架比, %; N_c 为骨架粗集料个数; N 为所有粗集料个数。

　　将所有接触线数量与骨架粗集料个数的比值定义为骨架系数, 表征在粗集料骨架中, 一个粗集料与其他粗集料相接触的平均个数, 即

$$Q_c = \frac{N_l}{N_c} \tag{6.31}$$

式中, Q_c 为骨架系数; N_l 为所有接触线数量; N_c 为骨架粗集料个数。

　　将接触点的数量与所有骨架粗集料二维图像周长之和的比值定义为骨架点边比, 表征在粗集料骨架二维图中, 粗集料每单位边长接触点个数, 即

$$P_{sl} = \frac{N_s}{L_c} \tag{6.32}$$

式中, P_{sl} 为骨架点边比, 个/mm; N_s 为所有接触点数量, 个; L_c 为所有骨架粗集料二维图像周长之和, mm。

　　粗集料骨架比、骨架系数、骨架点边比是骨架结构评价的三个层次,

粗集料骨架比表征参与骨架构成的粗集料比例，是验证是否为骨架结构的标准；骨架系数表征骨架丰满程度，骨架系数越高表示骨架结构越紧密，骨架设计越合理；骨架点边比表征粗集料与粗集料连接处（即骨架的"关节处"）的接触稠密性，骨架点边比越高，表征相邻两个粗集料的接触点越多，骨架的"关节处"可靠性越高。

6.6.5　骨架效果对比分析

目前，用于图像技术识别级配的试件成型方式主要有三种，即马歇尔击实成型、车辙板成型、旋转压实成型。马歇尔击实法是沥青混合料的主要成型方法，采用双面击实的方式进行。车辙试件的成型是拌制沥青混合料，混合料及各种材料用量由 1 块试件的体积按马歇尔标准密实度乘以 1.03 的系数求得。车辙板成型过程为：启动碾压机，先在一个方向碾压 2 个往返（4 次），卸荷，抬起碾压轮，将试件调转方向，再加相同荷载碾压至马歇尔标准密实度的 100%±1%为止。

本次试验采用旋转压实的成型方式，试件直径 150mm，试件高度50mm，试件的空隙率达到设计空隙率±0.2%。选取 SDA-10、SDA-13、SMA-10、SMA-13 四种混合料各制件 24 个，从中间位置切开，取切面中间位置 85mm×60mm 进行图像分析，每种混合料共有 24 张切片图像。

SDA-10、SDA-13、SMA-10、SMA-13 四种混合料的公称最大粒径分别为 9.5mm、13.2mm、9.5mm、13.2mm，所以粗集料以 2.36mm 为标准，接触阈值采用 0.54mm。

识别信息与检测数据见图 6.26 和表 6.21～表 6.25。

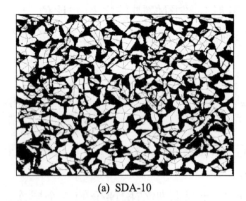
(a) SDA-10

(b) SDA-13

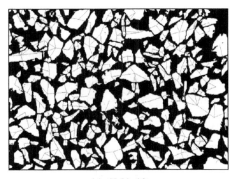 

(c) SMA-10　　　　　　　　　　　(d) SMA-13

图 6.26　四种混合料级配识别图

表 6.21　SDA-10 混合料级配分析

序号	N/个	N_c/个	N_l/个	N_s/个	L_c/mm	P_c/%	Q_c	P_{sl}/(个/mm)
1	368	358	935	2801	6243.2	97.3	2.61	0.45
2	369	358	946	2764	6101.2	97.0	2.64	0.45
3	368	358	932	2797	6299.8	97.3	2.60	0.44
4	360	348	946	2758	6163.3	96.7	2.72	0.45
5	362	354	930	2704	6271.6	97.8	2.63	0.43
6	365	354	937	2784	6250.7	97.0	2.65	0.45
7	359	349	943	2708	6231.9	97.2	2.70	0.43
8	353	344	933	2706	6147.0	97.5	2.71	0.44
9	367	358	954	2737	6154.0	97.5	2.66	0.44
10	359	350	957	2733	6145.6	97.5	2.73	0.44
11	351	341	934	2768	6130.4	97.2	2.74	0.45
12	360	351	959	2762	6220.4	97.5	2.73	0.44
13	351	341	930	2795	6174.0	97.2	2.73	0.45
14	355	344	951	2707	6272.1	96.9	2.76	0.43
15	357	345	947	2797	6226.5	96.6	2.74	0.45
16	352	343	948	2754	6253.9	97.4	2.76	0.44
17	360	350	956	2772	6268.6	97.2	2.73	0.44
18	370	358	944	2702	6143.6	96.8	2.64	0.44
19	357	346	949	2786	6137.6	96.9	2.74	0.45
20	363	353	943	2791	6189.1	97.2	2.67	0.45

序号	N/个	N_c/个	N_l/个	N_s/个	L_c/mm	P_c/%	Q_c	P_{sl}/(个/mm)
21	366	353	935	2752	6104.6	96.4	2.65	0.45
22	359	349	950	2790	6163.0	97.2	2.72	0.45
23	360	350	942	2728	6150.0	97.2	2.69	0.44
24	364	356	933	2714	6271.3	97.8	2.62	0.43
平均值						97.2	2.69	0.44
标准差						0.35	0.05	0.01
变异系数/%						0.36	1.86	2.27

表 6.22　SDA-13 混合料级配分析

序号	N/个	N_c/个	N_l/个	N_s/个	L_c/mm	P_c/%	Q_c	P_{sl}/(个/mm)
1	212	206	499	2023	4840.5	97.2	2.42	0.42
2	202	190	487	2013	4841.5	94.1	2.56	0.42
3	218	213	486	2057	4840.5	97.7	2.28	0.42
4	217	209	513	1914	4786.3	96.3	2.45	0.40
5	218	205	494	2065	4889.9	94.0	2.41	0.42
6	213	202	504	2056	4768.5	94.8	2.50	0.43
7	216	202	513	1905	4730.9	93.5	2.54	0.40
8	218	211	514	2002	4776.0	96.8	2.44	0.42
9	216	205	498	1943	4825.4	94.9	2.43	0.40
10	208	201	507	1966	4723.0	96.6	2.52	0.42
11	214	205	507	2078	4899.6	95.8	2.47	0.42
12	207	193	500	2014	4846.7	93.2	2.59	0.42
13	216	210	490	2050	4708.6	97.2	2.33	0.44
14	219	208	487	2067	4774.8	95.0	2.34	0.43
15	208	201	491	2001	4746.9	96.6	2.44	0.42
16	200	188	507	2081	4862.0	94.0	2.70	0.43
17	204	196	513	2032	4883.9	96.1	2.62	0.42
18	205	196	490	2069	4738.2	95.6	2.50	0.44
19	211	204	486	1970	4721.6	96.7	2.38	0.42

续表

序号	N/个	N_c/个	N_l/个	N_s/个	L_c/mm	P_c/%	Q_c	P_{sl}/(个/mm)
20	202	189	491	1949	4893.9	93.6	2.60	0.40
21	217	209	501	2043	4836.4	96.3	2.40	0.42
22	206	197	505	1903	4785.1	95.6	2.56	0.40
23	212	202	503	1935	4803.5	95.3	2.49	0.40
24	205	196	491	1924	4833.3	95.6	2.51	0.40
平均值						95.5	2.48	0.42
标准差						1.29	0.10	0.01
变异系数/%						1.35	4.03	2.38

表 6.23　SMA-10 混合料级配分析

序号	N/个	N_c/个	N_l/个	N_s/个	L_c/mm	P_c/%	Q_c	P_{sl}/(个/mm)
1	354	331	766	2286	6444.1	93.5	2.31	0.35
2	350	328	753	2357	6348.5	93.7	2.30	0.37
3	350	330	760	2273	6324.7	94.3	2.30	0.36
4	351	324	760	2413	6403.8	92.3	2.35	0.38
5	343	321	762	2325	6350.2	93.6	2.37	0.37
6	358	338	765	2259	6378.3	94.4	2.26	0.35
7	344	323	750	2447	6412.3	93.9	2.32	0.38
8	358	332	772	2394	6412.1	92.7	2.33	0.37
9	353	331	754	2429	6475.2	93.8	2.28	0.38
10	359	333	759	2373	6329.4	92.8	2.28	0.37
11	346	321	767	2347	6491.0	92.8	2.39	0.36
12	340	317	758	2439	6382.4	93.2	2.39	0.38
13	358	331	768	2312	6424.0	92.5	2.32	0.36
14	343	316	760	2311	6390.3	92.1	2.41	0.36
15	354	329	772	2301	6468.9	92.9	2.35	0.36
16	350	323	774	2322	6475.0	92.3	2.40	0.36
17	350	328	765	2336	6330.0	93.7	2.33	0.37
18	344	317	765	2251	6474.5	92.2	2.41	0.35

序号	N/个	N_c/个	N_l/个	N_s/个	L_c/mm	P_c/%	Q_c	P_{sl}/(个/mm)
19	360	338	756	2255	6324.3	93.9	2.24	0.36
20	350	324	758	2295	6425.7	92.6	2.34	0.36
21	352	330	755	2354	6497.5	93.8	2.29	0.36
22	357	335	769	2437	6312.3	93.8	2.30	0.39
23	346	319	771	2380	6361.7	92.2	2.42	0.37
24	344	324	754	2307	6406.3	94.2	2.33	0.36
平均值						93.2	2.33	0.37
标准差						0.74	0.05	0.01
变异系数/%						0.79	2.14	2.70

表 6.24 SMA-13 混合料级配分析

序号	N/个	N_c/个	N_l/个	N_s/个	L_c/mm	P_c/%	Q_c	P_{sl}/(个/mm)
1	221	200	460	1535	4801.0	90.5	2.30	0.32
2	227	206	454	1492	4861.5	90.7	2.20	0.31
3	230	212	452	1538	4903.2	92.2	2.13	0.31
4	228	209	443	1473	4860.9	91.7	2.12	0.30
5	216	196	440	1588	4920.1	90.7	2.24	0.32
6	227	210	456	1633	4869.4	92.5	2.17	0.34
7	216	198	432	1494	4811.6	91.7	2.18	0.31
8	214	196	426	1351	4827.6	91.6	2.17	0.28
9	217	197	458	1458	4962.1	90.8	2.32	0.29
10	212	196	436	1442	4825.6	92.5	2.22	0.30
11	223	206	442	1477	4966.6	92.4	2.15	0.30
12	229	208	448	1447	4983.1	90.8	2.15	0.29
13	228	211	426	1372	4821.6	92.5	2.02	0.28
14	228	210	425	1644	4864.5	92.1	2.02	0.34
15	218	199	432	1485	4959.4	91.3	2.17	0.30
16	219	201	430	1605	4812.1	91.8	2.14	0.33

序号	N/个	N_c/个	N_l/个	N_s/个	L_c/mm	P_c/%	Q_c	P_{sl}/(个/mm)
17	210	194	420	1510	4953.2	92.4	2.16	0.30
18	224	205	419	1395	4866.0	91.5	2.04	0.29
19	230	211	420	1487	4977.5	91.7	1.99	0.30
20	220	202	415	1493	4813.4	91.8	2.05	0.31
21	212	194	458	1487	4914.7	91.5	2.36	0.30
22	218	201	429	1421	4951.1	92.2	2.13	0.29
23	229	210	416	1593	4863.5	91.7	1.98	0.33
24	224	204	430	1527	4855.4	91.1	2.11	0.31
平均值						91.7	2.15	0.31
标准差						0.63	0.10	0.02
变异系数/%						0.69	4.65	6.45

表 6.25　级配识别结果数据汇总

混合料类型	P_c/%	Q_c	P_{sl}/(个/mm)
SDA-10	97.2	2.69	0.44
SDA-13	95.5	2.48	0.42
SMA-10	93.2	2.33	0.37
SMA-13	91.7	2.15	0.31

由试验结果可以得出：

(1)图片预处理后，可以较好地提取出 2.36mm 以上的粗集料。

(2)从粗集料骨架比分析，SDA-10、SDA-13、SMA-10、SMA-13 混合料的粗集料骨架比均大于 90%，表明上述沥青混合料均形成骨架结构。

(3)从骨架系数分析，SDA-10、SDA-13、SMA-10、SMA-13 混合料的骨架系数均大于 2，表明上述沥青混合料≥2.36mm 的骨架粗集料中，每个粗集料平均与 2 个以上的相邻粗集料形成骨架，骨架作用均良好。

(4)从骨架点边比分析，SDA-10、SDA-13、SMA-10、SMA-13 混合料的骨架点边比均大于或等于 0.31，表明骨架粗集料平均 3.2mm 的边长上有一个接触点，将 2.36mm 粒径的粗集料当成圆形，周长约为 7.4mm，表明平均每个骨架粗集料至少有 2 个及以上的接触点。

(5) 从 SDA-10、SDA-13、SMA-10、SMA-13 混合料粗集料骨架比、骨架系数、骨架点边比的数据比较分析，骨架作用由大到小依次为 SDA-10、SDA-13、SMA-10、SMA-13。

(6) 将 SDA-10、SDA-13、SMA-10、SMA-13 混合料粗集料骨架比、骨架系数、骨架点边比的数据与前述高温稳定性数据进行比较可知，两者数据相对应，表明图像识别标准参数与抗车辙性能参数正相关，间接验证了级配识别数据的准确性。

(7) 从粗集料骨架比数据分析，SDA-13、SMA-10、SMA-13 混合料粗集料骨架比分别相当于 SDA-10 混合料的 98.3%、95.9%、94.3%，表明从是否是骨架结构分析，四种沥青混合料性能相当；从骨架系数数据分析，SDA-13、SMA-10、SMA-13 骨架系数分别相当于 SDA-10 混合料的 92.2%、86.6%、79.9%，表明从骨架丰满程度分析，SDA 类混合料明显优于 SMA 类混合料；从骨架点边比数据分析，SDA-13、SMA-10、SMA-13 混合料骨架点边比分别相当于 SDA-10 混合料的 95.5%、84.1%、70.5%，表明从接触稠密程度分析，SDA 类混合料明显优于 SMA 类混合料，特别是 SMA-13 混合料骨架点边比只相当于 SDA-10 的 70.5%，表明相同周长上减少近 1/3 的接触点，骨架"关节处"相比 SDA-10 混合料较为薄弱。

第 7 章　SDA 混合料施工

设计是施工的指导，施工是设计的目的，标准的施工控制才能实现设计目标。施工时应严格管理，认真按规定的质量标准、检测项目、检测频率检查控制。SDA 混合料对原材料标准要求较严格，虽然目前在环保压力增大的情况下，集料质量有所下降，但也应保证各类材料满足相关使用要求。施工过程中要严格按照相关要求执行，以保证 SDA 混合料的施工质量。

7.1　材　　料

SDA 混合料所使用的沥青、集料、填料等原材料必须经过认真调研与选择。材料供应商应提供质量检验单，运至现场的各种材料必须按有关要求进行试验，经评定合格方可使用。路面材料进入施工场地时应登记，并签发材料验收单，验收单应包括材料来源、品种、规格、数量、使用目的、购置日期、存放地点及其他应注明的事项。集料的选择应尽可能就地取材，质量必须符合使用要求，石料开采还应注意保护环境。所有的矿料必须无塑性，沥青混合料中的黏土颗粒成分会引起沥青混合料的体积膨胀，在水的作用下导致沥青膜与矿料剥离，要求矿料中粒径<0.075mm 的部分塑性指数应小于 4%。

7.1.1　沥青

SDA 混合料应采用 SBS 改性沥青或类似性能的改性沥青，SBS 改性沥青必须满足表 7.1 有关规定。

7.1.2　粗集料

SDA 混合料用粗集料为机轧碎石，用于加工集料的源石料的有关技术指标必须满足规定要求，同时加工的成品集料技术指标也必须满足相关规定要求，集料规格按给定的要求生产，各碎石厂按规定的级配范围根据碎石机的型号选择振动筛，如果生产的级配不满足规定，应对振动筛筛孔尺寸、筛分工艺参数进行适当调整。

表 7.1　SDA 混合料用 SBS 改性沥青质量要求

指标		单位	技术要求
针入度(25℃，100g，5s)		0.1mm	40～60
针入度指数 PI		—	≥0
延度(5℃，5cm/min)		cm	≥20
软化点(环球法)		℃	≥60
闪点		℃	≥230
溶解度(三氯乙烯)		%	≥99
运动黏度(135℃)		Pa·s	≤3.0
储存稳定性(离析，48h 软化点差)		℃	≤2.5
弹性恢复(25℃)		%	≥75
TFOT(或 RTFOT) 后残留物	质量变化	%	−1.0～1.0
	针入度比(25℃)	%	≥65
	延度(5℃，5cm/min)	cm	≥15
密度(15℃)		g/cm^3	实测

注：(1)沥青软化点测试严格按照规范方法进行，软化点大于 80℃时，采用甘油浴。

(2)表中 135℃运动黏度可采用《公路工程沥青及沥青混合料试验规程》(JTG E20—2011)中的"沥青旋转黏度试验(布洛克菲尔德黏度计法)"进行测定。若在不改变改性沥青物理力学性质并符合安全条件的温度下易于泵送和拌和，或经证明适当提高泵送和拌和温度时能保证改性沥青的质量，容易施工，可不要求测定。

(3)储存稳定性指标适用于工厂生产的成品改性沥青。现场制作的改性沥青对储存稳定性指标可不作要求，但必须在制作后保持不间断搅拌或泵送循环，保证使用前没有明显的离析。

根据 SDA 混合料的级配设计特点，推荐采用表 7.2 规定的集料规格，生产的集料须满足规定的要求。

1. 筛孔设置

基于集料的规格，建议碎石加工厂配置如下尺寸的筛片。

表 7.2　SDA 混合料用粗集料各筛孔通过百分率　　（单位：%）

序号	集料类型	筛孔尺寸/mm								
		31.5	26.5	19	16	13.2	9.5	4.75	2.36	0.6
1	15～30mm	90～100	—		—	—	0～15	0～5	—	—
2	10～20mm	—	100	90～100	75～95	—	0～15	0～5	—	—
3	5～10mm	—	—	—	—	100	90～100	0～15	0～5	—
4	3～5mm	—	—	—	—	—	100	90～100	0～15	0～3

SDA-20：22mm×22mm、11mm×11mm、5mm×5mm、3mm×4（3）mm。

SDA-13：18mm×18mm、11mm×11mm、5mm×5mm、3mm×4（3）mm。

SDA-10：13mm×13mm、5mm×5mm、3mm×4（3）mm。

需要指出的是，不同碎石机筛网的设置可能和上述建议值略有不同。如果生产出的集料级配不满足规定要求，应对振动筛筛孔尺寸进行适当调整，但调整范围不宜过大。

拌和站筛孔宜与料场碎石设备筛孔一致，考虑到超粒径集料吐料问题，拌和站最大一档筛孔可适当放大。

2. 质量要求

粗集料应洁净、干燥、无风化、无杂质，并具有足够的强度和耐磨耗性，其质量应满足表 7.3 的技术要求。

表 7.3　SDA 混合料用粗集料质量技术要求

指标			单位	技术要求
石料压碎值	上面层		%	≤20
	其他层次			≤22
洛杉矶磨耗损失	上面层		%	≤25
	其他层次			≤30
表观相对密度	上面层	玄武岩	—	≥2.85
		石灰岩	—	≥2.70
	其他层次	玄武岩	—	≥2.80
		石灰岩	—	≥2.65

指标		单位	技术要求
吸水率	上面层	%	≤2.0
	其他层次		≤3.0
坚固性		%	≤10
针片状含量(混合料)	上面层	%	≤12
	其他层次		≤15
水洗法<0.075mm 颗粒含量		%	≤1
软石含量	上面层	%	≤3
	其他层次		≤5
与沥青的黏附性	上面层	等级	≥5
	其他层次		≥5
粗集料的磨光值 PSV		—	≥40

注：(1)其余岩性集料标准不得低于石灰岩要求标准。

(2)粗集料与沥青应有良好的黏结力,混合料设计与生产过程中必须采取必要的抗剥落措施,以保证混合料达到水稳定性指标要求。

(3)粗集料应具有良好的颗粒形状,用于沥青路面的碎石至少应经过两级破碎,初次破碎宜为颚式破碎,二次破碎应为反击破碎,禁止单独采用颚式破碎机加工。

7.1.3　细集料

细集料必须由具有生产许可证的采石场、采砂场生产,应采用坚硬、洁净、干燥、无风化、无杂质并有适当颗粒级配的人工轧制的机制砂等,选用优质石灰岩生产,不能采用山顶的覆盖层和含粉量超标的下脚料。细集料规格要求见表 7.4。

表 7.4　SDA 混合料用细集料各筛孔通过百分率　　(单位：%)

集料类型	筛孔尺寸/mm						
	4.75	2.36	1.18	0.6	0.3	0.15	0.075
0～3mm	100	80～100	50～80	25～60	8～45	0～25	0～10

细集料应重点控制 0.075mm 筛孔通过百分率,棱角性、砂当量或

亚甲蓝值等指标必须满足要求，其质量应满足表 7.5 的技术要求。

表 7.5　SDA 混合料用细集料质量技术要求

指标		单位	技术要求
表观相对密度	玄武岩	—	≥2.80
	石灰岩	—	≥2.65
坚固性(>0.3mm 部分)		%	≤12
砂当量		%	≥60
棱角性(流动时间)		s	≥30
含泥量(小于 0.075mm 的含量)		%	≤3
亚甲蓝值		g/kg	≤30
塑性指数		%	≤4

注：其余岩性集料标准不得低于石灰岩要求标准。

7.1.4　填料

填料应采用石灰岩等碱性石料经磨细得到的矿粉，原石料中的泥土杂质应除净。矿粉必须干燥、清洁。矿粉质量应满足表 7.6 的技术要求。

表 7.6　SDA 混合料用矿粉质量技术要求

指标		单位	技术要求
表观密度		g/cm³	≥2.65
含水率		%	≤1
粒度范围	<0.6mm	%	100
	<0.15mm	%	90～100
	<0.075mm	%	75～100
外观		—	无团粒结块
亲水系数		—	<1
塑性指数		%	<4

为了提高沥青混合料的抗水损害能力，沥青混合料生产过程中应掺

加占混合料总质量 1.3%±0.3%的生石灰粉或消石灰粉。生石灰粉可采用两种方式加入：一是矿粉生产过程中石灰石与生石灰按照规定比例同步投入球磨机加工制得；二是可以在拌和楼生产混合料过程中通过粉料罐单独加入生石灰粉或消石灰粉。

7.1.5　纤维稳定剂

SDA 混合料需添加纤维稳定剂，纤维稳定剂宜选用木质素纤维、矿物纤维等。木质素纤维的质量应满足表 7.7 的技术要求。

表 7.7　SDA 混合料用纤维的质量技术要求

项目	单位	指标	试验方法
纤维长度	mm	≤6	水溶液用显微镜观测
灰分质量分数	%	18±5	高温 590~600℃燃烧后测定残留物
pH	—	7.5±1.0	水溶液用 pH 试纸或 pH 计测定
吸油率	—	不小于纤维质量的 5 倍	用煤油浸泡后放在筛上经振敲后称量
吸水率(以质量计)	%	≤5	105℃烘箱烘 2h 后冷却称量

纤维稳定剂的掺加比例以混合料总量的质量分数计算，用于 SDA 混合料的木质素纤维质量分数不宜低于 0.3%，矿物纤维不宜低于 0.4%，必要时可适当增加纤维用量，纤维掺加量的允许误差不超过±5%。

7.2　施　工　准　备

7.2.1　实验室仪器与人员配置

实验室应配套混合料试验仪器，仪器应经过国家法定计量部门检定合格，并在有效期内方可使用，同时应配备性能良好、精度符合规定的质量检测仪器，并配备足够的易损部件。实验室仪器设备基本要求见表 7.8。

试验人员持证上岗，实验室至少应配备试验检测工程师 1 名，试验员 4 名。

表 7.8　实验室仪器设备基本要求

序号	仪器设备	数量
1	针入度仪	1
2	延度仪	1
3	软化点仪	1
4	布氏黏度计	1
5	沥青混合料马歇尔试验仪(配劈裂试验夹具)	1
6	马歇尔试件击实仪	1
7	实验室用沥青混合料拌和机	1
8	旋转压实仪	1
9	脱模器	1
10	沥青含量测定仪(离心抽提仪、带离心装置的自动抽提仪或燃烧炉)	1
11	标准筛(方筛孔)	1
12	集料压碎值试验仪	1
13	饱和面干试模	1
14	烘箱	至少3台
15	马歇尔试模	不少于18个
16	恒温水浴箱	1
17	恒温冰箱	1
18	路面取芯机	1
19	砂当量仪	1
20	真空法理论最大相对密度试验仪	1
21	车辙成型仪	1
22	薄膜烘箱	1
23	集料分料器	1

7.2.2　施工控制温度

SDA 混合料施工控制温度范围见表 7.9，不满足要求的混合料必须废弃。

表 7.9　SDA 混合料施工控制温度范围

施工控制温度名称	温度控制范围/℃
沥青加热温度	160~170
集料温度	180~190
混合料出厂温度	170~180，超过 190 废弃
运到现场温度	不低于 165
摊铺温度	不低于 160，低于 140 废弃
初压开始温度	不低于 165
复压最低温度	不低于 155
碾压终了温度	不低于 110

注：(1)所有检测用温度计均应采用半导体数显温度计并及时送当地计量部门检定，或在监理监督下用标准温度计标定。

(2)所有温度检测均应按正确的方法操作，避免温度计探头位置不当使测得温度不真实。

(3)碾压温度是指碾压层内部温度。

7.3　SDA 混合料配合比设计

SDA 热拌沥青混合料配合比应依据本书前面章节所述的骨架嵌挤理论进行设计，调整现有规范的集料粒径分档，严格控制相邻两档集料的平均粒径比，消除集料颗粒间干涉效应的影响以形成沥青混合料矿料骨架嵌挤结构，通过马歇尔法确定最佳沥青用量，最终成型 SDA 新型沥青混合料。SDA 混合料配合比设计可分为目标配合比设计阶段、生产配合比设计阶段及生产配合比验证阶段，通过配合比设计决定各阶段沥青混合料的材料品种、矿料级配及沥青用量。SDA 混合料配合比设计阶段均应进行有关路用性能的检测，各设计阶段有关技术指标应满足本书的相关规定。具体按以下几个步骤进行。

(1)目标配合比设计。首先进行材料选择，然后根据骨架嵌挤理论进行级配设计，按设计的矿料配合比进行马歇尔试验确定最佳沥青用量，最后按设计的矿料配合比和最佳沥青用量制作试件进行高温稳定性、低温抗裂性、水稳定性等性能验证。

(2)生产配合比设计。按照目标配合比确定的各种规格集料比例确定冷料仓上料比例，通过烘干二次筛分后，从各热料仓分别取样进行筛分，然后根据各热料仓的筛分结果，计算确定各热料仓配合比，使热料仓矿质混合料的级配接近目标设计级配，供后续生产配合比验证使用。

(3)生产配合比验证。用生产配合比确定的各热料仓矿料比例进行试拌，检测 SDA 混合料的各项技术指标，包括高低温性能、水稳定性能等，合格后方可铺筑试验段。

(4)确定施工级配允许波动范围。根据标准配合比及质量管理要求中各筛孔的允许波动范围，制定施工用的级配控制范围，用以检查沥青混合料的生产质量。

7.3.1　矿料级配

SDA 混合料公称最大粒径不大于 19mm，其级配与原材料的性能有关，应按照第 5 章实例设计流程进行级配设计并满足体积参数要求。

7.3.2　混合料技术要求

SDA 混合料技术要求见表 5.8。

7.3.3　混合料性能检验

1. 高温稳定性检验

SDA 混合料应进行高温稳定性检验，高温稳定性检验宜采用车辙试验，评价指标为动稳定度，车辙试件厚度为 5cm，试验方法按《公路工程沥青及沥青混合料试验规程》(JTG E20—2011)T 0719 沥青混合料车辙试验进行，应满足表 7.10 的技术要求。

表 7.10　沥青混合料高温稳定性检验技术要求

SDA 混合料	动稳定度/(次/mm)	试验方法
普通沥青	≥1800	T 0719
改性沥青	≥3500	

2. 水稳定性检验

SDA 混合料应进行水稳定性检验，应在规定的试验条件下进行浸水马歇尔试验和冻融劈裂试验检验沥青混合料的水稳定性，并应同时满足表 7.11 的技术要求。

表 7.11　沥青混合料水稳定性检验技术要求

气候条件与技术指标		相应于下列气候分区的技术要求/%				试验方法
年降雨量(mm)及气候分区		>1000	500～1000	250～500	<250	
		1.潮湿区	2.湿润区	3.半干区	4.干旱区	
浸水马歇尔试验残留稳定度/%	普通沥青	≥80		≥75		T 0709
	改性沥青	≥85		≥80		
冻融劈裂试验的残留强度比/%	普通沥青	≥75		≥70		T 0729
	改性沥青	≥80		≥75		

3. 低温性能检验

SDA 混合料应进行低温性能检验，宜在温度−10℃、加载速率50mm/min 的条件下进行弯曲试验，测定破坏强度、破坏应变、破坏劲度模量，并根据应力-应变曲线的形状，综合评价沥青混合料的低温抗裂性能，其中沥青混合料的破坏应变宜不小于表 7.12 的技术要求。

表 7.12　沥青混合料低温弯曲试验破坏应变技术要求

气候条件与技术指标		相应于下列气候分区所要求的破坏应变/10^{-6}								试验方法
年极端最低气温(℃)及气候分区		<−37		−21.5～−37			−9～−21.5		>−9	
		1.冬严寒区		2.冬寒区			3.冬冷区		4.冬温区	
		1-1	2-1	1-2	2-2	3-2	1-3	2-3	1-4	2-4	
SDA 混合料	普通沥青	≥2600		≥2300			≥2000			T 0715
	改性沥青	≥3000		≥2800			≥2500			

4. 渗透性能检验

配合比设计宜检验其渗透性能，渗透性能采用渗水试验评价，宜利用轮碾机成型的车辙试验试件，脱模架起进行渗水试验，并满足表 7.13 的技术要求。

表 7.13　沥青混合料试件渗水系数技术要求

级配类型	渗水系数要求/(mL/min)	试验方法
SDA 混合料	≤60	T 0730

注：用于中下面层时，渗水系数要求值可放宽至 100mL/min。

7.3.4　配合比设计注意事项

SDA 混合料配合比设计时应注意以下几点：

(1)进行配合比设计时，取样必须有代表性。目标配合比设计取样时，不能在料堆边上取样，应该从上、中、下不同部位不同方向取样，铲除表层材料，在取样部位上方设置挡板，防止取样离析。生产配合比设计取样应取生产稳定(冷料应按目标配合比供料)以后的材料，至少拌和 6 盘以后，用装载机接料，并防止细集料飞散。生产配合比加沥青拌和后沥青混合料检验应分别在搅拌器下接料和在摊铺机后取样(碾压前)进行，取样过程应避免材料离析。

(2)进行目标配合比设计和生产配合比设计时，制备试件的混合料，需采用小型沥青混合料拌和机拌和，以模拟生产实际情况。

(3)每组马歇尔试件为 6 个。

(4)对于改性沥青试件的成型温度，由改性沥青商提供黏温曲线，并计算拌和温度和压实温度，经专家组认可后使用。

(5)沥青混合料统一用表干法测毛体积密度。

(6)试件的配料、拌和均应单个进行，以确保试验结果的一致性。

7.4　SDA 混合料的施工工艺

7.4.1　混合料的拌和

1. 拌和设备

SDA 混合料宜采用全自动控制间歇式搅拌设备，产量不小于

240t/h，设备具体要求如下：

(1)冷料仓不少于 5 个，设有料门，采用变频、直流或电磁调速方式，料仓上部有防串仓隔板，顶部有剔除超限料网格，各料仓间隔板高度以施工过程中不发生混料为宜。热料仓不少于 5 个，设置全程料位计或高低料位计，砂仓有热电偶式或热电阻式温度传感器。

(2)燃烧器宜采用燃油或天然气加热方式，不得采用煤粉加热方式，干燥筒具有全自动温控系统，控制误差不大于±5℃，燃烧器为全自动比例控制，调节比大于 1：4。烘干筒出料口设置红外或热电偶温度传感器。

(3)温度计系统准确度不低于±1℃，质量计量系统准确度为：粗细集料不低于±0.5%，矿物填料不低于±0.5%，沥青不低于±0.3%，纤维不低于±1%。

(4)除尘系统为二级，第二级除尘系统为袋式除尘，设粉尘湿式排放装置。

(5)必须配置计算机控制系统，在拌和过程中可逐盘采集、记录并打印材料用量、配合比、温度、拌和时间、产量等参数。

(6)配备足够的沥青罐(一般应大于 300t，要求为 6 个 50t 卧罐组成，不得使用 200t 以上立罐)，且沥青罐应配备足够的强制搅拌装置，搅拌设备每 2h 搅拌一次，每次搅拌 30min。第一次储存改性沥青前，沥青储存罐清理干净，储存罐内不得存留原有的沥青及其他杂质，空罐体未泵入沥青前应对罐体进行预先加热。

(7)添加纤维稳定剂应配套自动计量添加装置。

2. 拌和技术要求

沥青混合料应拌和均匀，所用矿料颗粒应全部裹覆沥青，拌和时间应根据拌和机的型号、沥青混合料的类型、搅拌器的充盈率等因素由试拌确定。拌和完成的热拌沥青混合料无法立即铺筑时，应放入成品储料仓储存，储料仓必须有良好的保温设备，储料仓储料时间不宜超过 12h。

拌和厂应设置在空旷、干燥、运输条件良好的地方，具有可靠的电力供应，各施工单位应加强原材料的控制，原材料堆放场地应进行硬化处理，原材料应分别堆放，明确标识用途及数量，各档集料之间必须采取必要的隔离措施，以防止集料的混杂，影响使用。

拌和厂必须设实验室。实验室应配备能进行沥青及沥青混合料配合比设计和有关检测的试验仪器和设备。实验室应由试验工程师主持试验工作，其余试验人员能独立完成有关试验。拌和过程中具体技术要求如下：

(1)严格掌握改性沥青和集料的加热温度以及 SDA 混合料的出厂温度，具体要求见表 7.9。

(2)拌和时间由试拌确定。SDA 混合料的建议加料次序及拌和时间为：加入矿料干拌约 10s，加入沥青和纤维湿拌约 40s。总生产时间为60~70s，必须使所有集料颗粒全部裹覆沥青结合料，并以沥青混合料拌和均匀为度。

(3)要注意目测检查混合料的均匀性，及时分析异常现象，如混合料有无花白料、冒青烟和离析、析漏等现象。若确认是质量问题，应作废料处理并及时予以纠正。

(4)要严格控制油石比和矿料级配，避免油石比不当而产生泛油和松散现象。调整矿粉添加方式，避免矿质混合料中小于 0.075mm 颗粒含量偏低的现象出现。每台拌和机开始拌和后每天上午、下午各取一组混合料试样做马歇尔试验和抽提筛分试验，检验油石比、矿料级配和SDA 混合料的物理力学性质，如果数据偏差较大，应立即停机查找原因，解决后方可再次生产。每周应检验 1~2 次残留稳定度。

(5)混合料不得在储料仓中长时间储存，以不发生沥青析漏为度，且不得储存过夜。

(6)每天生产结束后，用拌和楼打印的各原材料数量进行总量控制。以各仓用量及各仓筛分结果为依据，在线检查矿料级配；计算平均施工级配和油石比，与设计结果进行校核；以每天产量计算平均厚度，与路面设计厚度进行校核。

7.4.2　混合料的运输

SDA 混合料宜采用干净有金属底板的大型自卸汽车运输，其数量和运输能力能满足摊铺速度要求并有富余，保证施工过程中摊铺机前有卸料车等待卸料，以保证连续摊铺，摊铺机宜当待等候的运料车多于 5 辆后开始摊铺，根据工程规模，摊铺机前方应有 3～5 辆运料车等候卸料。

采用数字显示插入式热电偶温度计检测沥青混合料的出厂温度和运到现场温度，插入深度要大于 150mm。在运料卡车侧面中部设专用检测孔，孔口距车箱底面约 300mm。

从拌和机向运料车上装料时，应遵循前后中的顺序，多次(不少于三次)挪动运料车位置，平衡装料，以减少混合料的离析。运料车在运输途中应用棉被包覆车斗四周保温，车顶用帆布覆盖，以防止车斗边缘部分混合料温度降低过多。

运输车辆使用前必须清扫干净，在车厢板上涂一薄层防止沥青黏结的隔离剂或防黏剂，但不得有余液积聚在车厢底部，严禁使用柴油作为隔离剂。

在摊铺现场应凭运料单收料，并检查沥青混合料的质量，如混合料的颜色是否均匀、有无结团或严重离析现象、温度是否在允许范围内，如果混合料温度过高或过低，应该废弃不用，已结块或已遭雨淋的混合料也应废弃不用。

7.4.3　混合料的摊铺

铺筑沥青混合料前，应检查确认下层质量，当下层质量不符合要求，或未按规定洒布透层、黏层时，不得铺筑沥青路面。

沥青混合料的松铺系数应根据混合料类型、施工机械和施工工艺等由试铺试压确定，摊铺过程中应随时检查摊铺层厚度及路拱、横坡，并按使用的混合料总量与摊铺面积校验平均厚度，不符合要求时应根据铺筑情况及时进行调整。

摊铺机必须缓慢、均匀、连续不间断摊铺。摊铺过程中不得随意变换速度或中途停顿。摊铺速度应根据拌和机产量、施工机械配套情况及摊铺层厚度、宽度按式(7.1)确定。

$$V = \frac{100Q}{60DWT}C \tag{7.1}$$

式中，V 为摊铺机摊铺速度，m/min；D 为压实成型后沥青混合料的密度，t/m^3；Q 为拌和机产量，t/h；W 为摊铺宽度，m；T 为摊铺层压实成型后的平均厚度，cm；C 为效率系数，根据材料供应、运输能力等配套情况确定，宜为 0.8。

摊铺机应充分预热熨平板后开始作业，熨平板温度不低于 100℃ 且不高于 150℃。应预先标定摊铺机行走速度与螺旋布料器转速的传动关系，摊铺过程中应保持螺旋布料器全范围内物料分布均匀，螺旋布料器两侧应保持有不少于送料器高度 2/3 的混合料，并保证在摊铺机全宽度断面上不发生离析。螺旋布料器端部距物料挡板间距应在 10～30cm，此间距超过 30cm 时必须加装叶片。摊铺过程中应注意螺旋布料器悬挂装置处是否产生离析、卡料或虚铺，一旦发生此现象，应启动摊铺机全速旋钮迅速补料。当熨平板所需厚度固定后，不得随意调整，螺旋分料器的高度应与材料类型、铺层厚度适应，应按摊铺材料特性和厚度调整工作装置的振频和振幅。

摊铺时如果采用两台摊铺机，前后应错开 10～20m，呈梯队方式同步摊铺，两幅之间应有 50～100mm 宽度的搭接，并避开车道轮迹带，上下层搭接宜错开 200mm 以上。

摊铺后的混合料不应用人工反复修整局部，如果必须修整，应在现场主管人员指导下进行，缺陷严重时应予以铲除，并调整摊铺机或改进摊铺工艺。

严禁空仓收斗。夏季施工时应避免每车料收斗一次的做法，仅当料斗内黏附较多沥青混合料时方需收斗。收斗应在运料车离去时进行，收斗后应立即连接满载的运料车向摊铺机内喂料。

7.4.4　路面的压实与成型

SDA 混合料的压实与成型需在较高温度时充分振动碾压，初压温度保证不低于最低要求，这是得到理想空隙率的保证。

压实应选择合理的压路机组合方式及碾压步骤，并应达到最佳碾压效果，SDA 混合料应选用不少于 4 台重吨位（自重大于 11t，至少有一台大于 13t）的双钢轮振动压路机。压路机不得在未碾压成型路段上转向、调头、加水或停留，需要停置时应在温度已经降低至 80℃ 以下压实路面上。SDA 混合料严禁使用轮胎压路机。

SDA 混合料的碾压过程建议采用如下步骤。

初压：采用双钢轮压路机，驱动轮面向摊铺机，第一遍采用强振动模式，紧跟摊铺机后，从外侧向内侧碾压，振动碾压时遵循"紧跟、慢压、高频、低幅"的原则，采用高频率、低振幅的方式碾压 3 遍。压实速度控制在 4km/h 以内。

复压：紧跟初压后开始，不得随意停顿。采用钢轮振动压路机碾压 2～3 遍，压实速度控制在 5km/h 以内。

终压：紧跟复压之后进行，采用钢轮压路机关闭振动碾压 2～3 遍。

压路机静压时相邻辗压带应重叠 15～20cm，振动碾压时相邻碾压重叠宽度不得超过 20cm。要将驱动轮面对摊铺机方向，防止混合料产生推移。压路机的起动、停止必须减速缓慢进行，折回不能在同一断面上。对碾压顺序、碾压遍数、碾压速度及碾压温度应设专岗管理和检查，做到既不漏压也不超压。

具体压路机组合及碾压遍数由试验段经试压检验后确定。

7.4.5　接缝处理及其他

沥青路面施工必须接缝紧密、连接平顺，无明显接缝离析。纵向接缝，上下层间应有错位，且应错开 150mm（热接缝）或 400mm（冷接缝）以上。横缝和铺筑方向应大致成直角，严禁用斜接缝，上下层间接缝不能重叠，至少错开 1m 以上。

SDA 混合料路面应待摊铺层完全自然冷却，混合料表面温度低于 50℃后，方可开放交通。铺筑好的路面应严格控制交通，做好保护，保持整洁，不得造成污染。

7.4.6　施工阶段的质量管理

所有原材料都必须在施工前以"批"为单位进行检查，不符合技术要求的材料不准进场。对各种矿料以同一料源、同一次购入并运至现场的为一"批"，对使用的改性沥青以同一来源、同一次购入且储入同一沥青罐的同一规格的为一"批"。供应商必须提供沥青出厂质量检测报告，到场后由施工单位的检测人员对沥青进行检测，检测合格后方可卸车，检测不合格的必须退回。所有原材料必须按要求的频率进行检测，如实评定质量，不合格的材料不容许使用。

施工前应对混合料拌和机、压路机、摊铺机等各种施工机械和设备进行安装调试，对机械设备的配套情况、技术性能、计量精度等进行检查和标定。具体检查项目如下：

(1)原材料的质量检查包括沥青、粗集料、细集料、填料、木质素纤维、抗剥落剂等。

(2)生产过程中随时检查拌和机各项参数的设定值和控制屏的显示值，核对计算机采集和打印的数据与显示值是否一致，进行生产过程的在线监测和动态管理。检测冷料仓的上料情况是否稳定，有无窜仓情况。目测拌和出的混合料是否均匀、有无花白料、有无离析现象，如果出现此类情况，应立即停止生产，查找原因，解决后方可再次生产。

(3)混合料的质量检查包括油石比、矿料级配、稳定度、流值、空隙率，重点检查 0.075mm、2.36mm、4.75mm、公称最大粒径及中间粒径等筛孔的通过百分率，混合料出厂温度、运到现场温度、摊铺温度、初压温度、碾压终了温度。

(4)上面层质量检查包括厚度、平整度、宽度、横坡度、压实度、偏位、摊铺的均匀性；同时还应进行构造深度和摆式摩擦系数的跟踪检测。

(5)施工压实度的检查以钻孔法为准，钻孔检测频率单幅双车道 10 个/km。

(6)渗水系数合格率宜不小于 90%，当合格率小于 90%时，应加倍频率检测，如果检测结果仍小于 90%，需对该段面层进行处理。

以上检查项目、试验方法、检查频度和质量要求见表 7.14。

表 7.14　SDA 混合料路面施工质量检验要求

项目	检查频度	质量要求或允许差	试验方法
外观	随时	无油斑、离析、轮迹等现象	目测
接缝	随时	紧密、平整、顺直、无跳车	目测、三米直尺
施工温度	1 次/车	符合前文要求	数显式温度计

续表

项目		检查频度	质量要求或允许差	试验方法
矿料级配与生产设计标准级配的差/%	0.075mm	逐盘在线检测	±2	计算机采集数据计算
	≤2.36mm		±4	
	≥4.75mm		±5	
	0.075mm	逐盘检查，每天汇总1次取平均值评定	±1	规范附录 G 总量检验
	≤2.36mm		±2	
	≥4.75mm		±2	
	0.075mm	每台拌和机每天上、下午各1次	±2	拌和厂取样，用抽取后的矿料筛分
	≤2.36mm		±3	
	≥4.75mm		±4	
沥青质量分数(油石比)与生产设计值的差/%		逐盘在线检测	±0.3	计算机采集数据计算
		逐盘检查，每天汇总1次，取平均值评定	±0.1	规范附录 F 总量检验
		每日每机上、下午各1次	−0.1，+0.2	拌和厂取样，离心法抽提
马歇尔试验：稳定度、流值、密度、空隙率		每台拌和机2次/日	符合设计要求	拌和厂取样成型试验
车辙试验		必要时	不小于设计要求	拌和厂或现场取样成型送实验室试验
路表渗水试验		随时	基本上不渗水	向路面倒水观察
		单幅 10 点/km	宜不大于 80mL/min	渗水仪测定
压实度/%		单幅 10 点/km	不小于马歇尔密度的98%(单点检验)，最大理论密度的94%~97%	钻孔法
平整度		对试验段全线每车道连续测定	不大于设计要求	整车式颠簸累积仪或3m连续式平整度仪
摩擦系数		1 处/200m	符合设计要求	摆式仪
构造深度				铺砂法

注：表中规范是指《公路沥青路面施工技术规范》(JTG F40—2004)。

7.4.7　开放交通及其他

沥青混合料在碾压完毕冷却前，任何车辆机械不得在路面上停放（包括加水、加油的压路机），并防止矿料、杂物、油料等落在铺筑好的路面上。SDA 混合料路面应待摊铺层完全自然冷却，表面温度低于 50℃后方可开放交通，宜于压实完成 24h 后开放交通。

雨季施工时，注意气象预报，加强施工现场、沥青拌和厂及气象台站之间的联系，控制施工长度，各项工序紧密衔接，突遇降雨时应立即停止施工，已施工的应在雨后进行检查，质量不合格的需返工重做。

铺筑好的沥青层应严格控制交通，做好保护，保持整洁，不得造成污染，严禁在沥青层上堆放施工产生的土或杂物，严禁在已铺筑的沥青层上制作水泥砂浆。

第8章 SDA混合料试验路铺筑及性能观测

为对SDA混合料进行实体试验研究,解决SDA混合料实际应用问题,选择G18(荣乌高速)烟台段K235+000～K235+500进行试验段铺筑,埋设光栅光纤传感器进行数据采集与性能观测。本试验路采用SDA-10混合料,遵循GB5型沥青混合料设计的理念,运用骨架嵌挤理论,调整现有规范筛孔集料分档,严格控制相邻两档集料的平均粒径比,消除集料颗粒间干涉效应的影响以形成混合料矿料骨架嵌挤结构。

8.1 项目简介

山东省荣成市至内蒙古乌海市高速公路起点为荣成,山东境内途经威海、烟台、潍坊、东营连接至河北境内,是国家高速公路网的重要连接线,也是山东省高速公路网"五纵、四横、一环"中的重要组成部分,对山东省国民经济和社会发展具有重要作用。其中K231～K237右幅路段在车辆荷载、气候因素、环境因素综合作用下,路面病害主要为行车道车辙、横向裂缝及网裂,局部路段出现了坑槽、沉陷、唧浆等病害,影响行车舒适和安全性,需要对整个路段进行维修,提高路面技术状况,改善行车条件。

8.2 气候条件

试验段隶属烟台市,属于暖温带大陆性季风气候,与同纬度内陆地区相比具有雨水适中、空气湿润、气候温和的特点。全市年平均降水量651.9mm,年平均气温11.8℃,年平均相对湿度68%,年平均日照时数2698.4h,年平均太阳辐射总量5224.4MJ/m²,年平均风速为内陆地区3～4m/s、沿海地区4～6m/s,全市平均无霜期210天。

8.3　试验路的铺筑

8.3.1　目标配合比设计

1. 原材料试验

SDA-10 混合料试验路采用的各种原材料类型见表 8.1。

表 8.1　原材料类型

原材料	类型
沥青	SBS 改性沥青
粗集料	石灰岩 5～10mm
细集料	石灰岩 0～3mm
矿粉	石灰岩矿粉
石灰	钙质石灰
纤维	木质素纤维

SDA-10 混合料用沥青、粗集料、细集料、矿粉、纤维试验结果见表 8.2～表 8.7。

表 8.2　SDA-10 混合料用沥青试验结果

检测项目	技术要求	检测结果
针入度(25℃，100g，5s)/0.1mm	40～60	48
针入度指数 PI	≥0	0.8
延度(5℃，5cm/min)/cm	≥20	34.7
软化点(环球法)/℃	≥60	74.5
闪点/℃	≥230	301
溶解度(三氯乙烯)/%	≥99	99.51
运动黏度(135℃)/(Pa·s)	≤3.0	2.8
离析，48h 软化点差/℃	≤2.5	1.0

续表

检测项目		技术要求	检测结果
弹性恢复(25℃)/%		≥75	91
TFOT(或RTFOT)后残留物	质量损失/%	−1.0～1.0	−0.02
	针入度比(25℃)/%	≥65	80
	延度(5℃)/cm	≥15	16.2
密度(15℃)/(g/cm³)		实测	1.016

表 8.3　SDA-10 混合料用粗集料试验结果

检测项目	高速公路及一级公路技术要求		其他等级公路技术要求	检测结果
	表面层	其他层次		
压碎值/%	≤26	≤28	≤30	13.6
表观相对密度	≥2.60	≥2.50	≥2.45	2.738
吸水率/%	≤2.0	≤3.0	≤3.0	0.45
对沥青的黏附性/级	≥4	≥4	≥4	5
坚固性/%	≤12	≤12	—	1.9
针片状含量/% 粒径大于9.5mm	≤12	≤15	—	—
针片状含量/% 粒径小于9.5mm	≤18	≤20	—	6.8
水洗法<0.075mm 颗粒含量/%	≤1	≤1	≤1	0.89
软弱颗粒含量/%	≤3	≤5	≤5	1.2
磨光值	≥40(湿润区)	—	—	46
洛杉矶磨耗损失/%	≤28	≤30	≤35	9.6

表 8.4　SDA-10 混合料用细集料试验结果

检测项目	高速公路及一级公路技术要求	其他等级公路技术要求	检测结果
砂当量/%	≥60	≥50	61
表观相对密度	≥2.50	≥2.45	2.744

续表

检测项目	高速公路及一级公路技术要求	其他等级公路技术要求	检测结果
坚固性(>0.3mm 部分)/%	≤ 12	—	2.5
吸水率/%	—	—	1.2
亚甲蓝值/(g/kg)	≤ 25	—	1.8
棱角性(流动时间)/s	≥ 30	—	35.1
含泥量(<0.075mm 的含量)/%	≤ 3	≤ 5	2.7

表 8.5　SDA-10 混合料用矿粉试验结果

检测项目		高速公路及一级公路技术要求	其他等级公路技术要求	检测结果
表观密度/(g/cm³)		≥ 2.50	≥ 2.45	2.760
含水率/%		≤ 1	≤ 1	0.5
亲水系数		<1	—	0.9
塑性指数		<4	—	2.9
粒度范围/%	<0.6mm	100	100	100
	<0.15mm	90～100	90～100	81.2
	<0.075mm	75～100	70～100	6.8
加热安定性		实测记录	—	受热后颜色无变化
外观		无团粒结块	—	无团粒结块

表 8.6　SDA-10 混合料用纤维试验结果

检测项目	技术要求	检测结果
纤维长度/mm	≤ 6	1.9
灰分质量分数/%	18±5	19.5
pH	7.5±1.0	7.2
吸油率	不小于纤维质量的 5 倍	7.9
吸水率(以质量计)/%	≤ 5	1.7

表 8.7　SDA-10 混合料用矿料筛分试验各筛孔通过百分率（单位：%）

筛孔尺寸/mm	集料类型		矿粉
	5～10mm	0～3mm	
13.2	100	100	100
9.5	98	100	100
4.75	14.8	100	100
2.36	4.2	85.5	100
1.18	3.9	59.9	100
0.6	2.8	42.2	100
0.3	2.8	25.6	100
0.15	2.4	17.4	100
0.075	1.7	9.9	85.2

2. 目标配合比设计及检验

1) 级配设计

依据第 4 章 SDA 混合料骨架嵌挤原理，SDA-10 混合料包括 5～10mm、0～3mm 两档集料，5～10mm 集料平均粒径为 6.760mm，0～3mm 集料平均粒径为 0.856mm，集料平均粒径比 $d_{0～3mm}/d_{5～10mm}=0.127<0.2$，只需进行一步旋转压实试验即可确定矿料级配，实际压实集料固体体积为 1400cm³，压实次数为 20 次，试验数据见表 8.8，级配设计过程如图 8.1 所示。

表 8.8　级配设计过程 SGC 试验数据

粗集料比例/%	高度/cm	压实后总体积/cm³	固体体积/cm³	空隙指数
0	11.07	1956.23	1400	0.397
10	10.74	1897.91	1400	0.356
20	10.51	1857.27	1400	0.327
100	13.25	2341.47	1400	0.672

可以得到 $P_t=73\%$，如图 8.1 所示。利用粗细集料的表观密度可以计算得到粗细集料质量比为 70：30。依据工程经验，矿粉用量分别为 5%、7%、9%。表 8.9 为三个合成级配配合比，表 8.10 为三个合成级配各筛孔通过百分率。

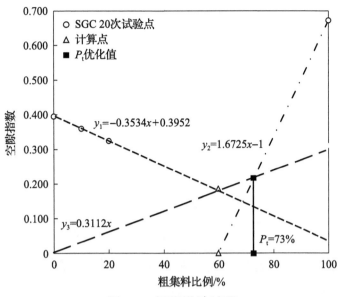

图 8.1　级配设计过程

表 8.9　合成级配配合比组成

级配类型	5～10mm 集料质量分数/%	0～3mm 集料质量分数/%	矿粉质量分数/%
合成级配 1	69	26	5
合成级配 2	68	25	7
合成级配 3	66	25	9

表 8.10　合成级配各筛孔通过百分率　　（单位：%）

筛孔尺寸/mm	合成级配 1	合成级配 2	合成级配 3
13.2	100	100	100
9.5	98.6	98.6	98.7
4.75	41.2	42.1	43.8
2.36	30.1	31.2	33.1
1.18	23.3	24.6	26.5
0.6	17.9	19.5	21.4
0.3	13.6	15.3	17.2
0.15	11.2	13	14.9
0.075	8	9.6	11.3

2)试验级配的评价

三种合成级配采用 5.8%的沥青质量分数，沥青混合料采用马歇尔击实法成型试件。三种合成级配的体积指标见表 8.11。

表 8.11 合成级配的体积指标

体积指标	合成级配 1	合成级配 2	合成级配 3	技术要求
空隙率/%	4.6	4.0	3.6	3.0～4.5
矿料间隙率/%	17.2	16.9	16.7	≥16.56/16.87/16.89
沥青饱和度/%	73.3	76.3	78.4	73～82

注：矿料间隙率的要求值分别对应合成级配 1、合成级配 2 和合成级配 3。

根据试验结果，选取合成级配 2 为目标设计级配。

3)沥青用量选择

级配确定后，沥青质量分数以 0.3%为间隔，选取三种沥青质量分数(5.5%、5.8%、6.1%)进行试验，试验结果见表 8.12。

表 8.12 设计级配三组沥青用量试验结果

试验指标	沥青质量分数		
	5.5%	5.8%	6.1%
空隙率/%	4.2	4.0	3.6
矿料间隙率/%	16.6	16.9	17.2
沥青饱和度/%	74.9	76.3	78.9
稳定度/kN	9.98	10.57	9.33

根据三组沥青用量的试验结果，选择沥青质量分数 5.8%作为本次配合比沥青用量。

4)设计结果

通过以上试验和分析，配合比为石灰岩 5～10mm：石灰岩 0～3mm：矿粉=68：25：7。沥青质量分数为 5.8%，纤维用量为 0.3%。

5)性能验证

按照《公路沥青路面施工技术规范》(JTG F40—2004)规定，对该沥青混合料进行车辙试验、冻融劈裂试验、低温弯曲试验、析漏试验、飞散试验，结果见表 8.13～表 8.17。

表 8.13　SDA-10 混合料车辙试验结果

混合料类型	沥青质量分数/%	动稳定度/(次/mm)					
		1	2	3	平均值	要求值	判定
SDA-10	5.8	5122	4667	4833	4874	≥3500	合格

表 8.14　SDA-10 混合料冻融劈裂试验结果

混合料类型	常规条件下劈裂强度/MPa	冻融循环后劈裂强度/MPa	TSR/%	要求值/%	判定
SDA-10	1.26	1.21	96.7	≥80	合格

表 8.15　SDA-10 混合料低温弯曲试验结果

混合料类型	破坏应变/10^{-6}	要求值/10^{-6}	判定
SDA-10	2700	≥2500	合格

表 8.16　SDA-10 混合料析漏试验结果

混合料类型	析漏结果/%	要求值/%	判定
SDA-10	0.041	≤0.1	合格

表 8.17　SDA-10 混合料飞散试验结果

混合料类型	飞散结果/%	要求值/%	判定
SDA-10	2.0	≤15	合格

6）目标配合比设计结论

根据取样的集料、矿粉、沥青等原材料，进行室内配合比设计，得到的目标配合比为石灰岩 5～10mm：石灰岩 0～3mm：矿粉=68：25：7，最佳沥青质量分数为 5.8%，并掺入混合料总重 0.3%的木质素纤维。

通过试验可知，该沥青混合料车辙试验、冻融劈裂试验、低温弯曲试验、析漏试验、飞散试验结果等均满足要求，因此本次目标配合比设计可作为试验路生产配合比设计依据。

8.3.2 生产配合比设计

1. 热料筛分及配合比设计

对热料仓各档料 5～10mm、0～3mm 进行水洗筛分，得到各档热料的级配组成，见表 8.18。

表 8.18 热料筛分试验各筛孔通过百分率 （单位：%）

筛孔尺寸/mm	集料类型		矿粉
	5～10mm	0～3mm	
13.2	100	100	100
9.5	95.3	100	100
4.75	15	100	100
2.36	0.8	90.2	100
1.18	0.5	61.2	100
0.6	0.5	45.5	100
0.3	0.5	27.4	99.9
0.15	0.5	14.2	97.2
0.075	0.1	7.6	80.6

按照合成生产级配与目标级配差异最小的原则，利用最小二乘法确定生产配合比，确定的生产配合比为石灰岩 5～10mm：石灰岩 0～3mm：矿粉=66：24：10，依据工程经验，确定粗、中、细三个级配，表 8.19 为生产配合比阶段三个合成级配配合比，表 8.20 为生产配合比阶段三个合成级配各筛孔通过百分率。

表 8.19 生产配合比阶段合成级配配合比组成

级配类型	5～10mm 集料质量分数/%	0～3mm 集料质量分数/%	矿粉质量分数/%
合成级配 1	69	21	10
合成级配 2	66	24	10
合成级配 3	63	27	10

表 8.20　生产配合比阶段合成级配各筛孔通过百分率（单位：%）

筛孔尺寸/mm	合成级配 1	合成级配 2	合成级配 3
13.2	100	100	100
9.5	96.8	96.9	97
4.75	41.4	43.9	46.5
2.36	29.5	32.2	34.9
1.18	23.2	25	26.8
0.6	19.9	21.3	22.6
0.3	16.1	16.9	17.7
0.15	13	13.5	13.9
0.075	9.7	10	10.2

2. 生产级配的评价

三种合成级配采用沥青质量分数 5.8%成型试件，沥青混合料采用马歇尔击实法成型试件。生产配合比阶段三种合成级配的体积指标见表 8.21。

表 8.21　生产配合比阶段合成级配的体积指标

体积指标	合成级配 1	合成级配 2	合成级配 3	技术要求
空隙率/%	4.2	3.8	3.6	3.0～4.5
矿料间隙率/%	16.7	17.2	16.9	≥16.97/16.46/16.01
沥青饱和度/%	74.9	77.9	78.7	72～82

注：矿料间隙率的要求值分别对应合成级配 1、合成级配 2 和合成级配 3。

通过对比，选择合成级配 2 为本次生产级配。

3. 生产配合比结果

通过以上试验和分析，确定生产配合比为石灰岩 5～10mm：石灰岩 0～3mm：矿粉=66：24：10。沥青质量分数为 5.8%，纤维用量为0.3%。

8.3.3　试验路施工

项目组于 2018/10/23 8:00～2018/10/24 11:00 铺设 SDA-10 混合料上

面层试验段。

1. 施工机械与质量检测仪器的准备工作

1) 施工机械

必须配备齐全的施工机械和配件,做好开工前的保养、调试和试机。SDA-10 上面层采用机械化连续摊铺作业,因而必须配备以下主要施工机械:

(1) 间歇式沥青混合料拌和机(3000 型以上),全部生产过程由计算机自动控制,并配有良好的打印装置。拌和机应配备良好的二级除尘装置和木质素纤维添加装置。

(2) 沥青混合料摊铺机两台(其中一台备用)。

(3) 静重不小于 11t 双钢轮压路机 4 台(其中振动压路机不少于 3 台)。

(4) 载重量 15t 以上的自卸汽车宜备 5 辆。

(5) 智能型沥青洒布车 1 辆。

2) 质量检测仪器

配备性能良好、精度符合规定的质量检测仪器,并配备足够的易损部件,主要仪器设备可按照表 7.8 配备。

2. 沥青中面层的检查、清扫与喷洒黏层沥青

对中面层的外观质量与内在质量进行全面检查,对局部质量缺陷(如严重离析和开裂、油污染等)应进行修复。中面层表面的污染物必须清扫干净,必要时用水冲刷,对于局部被水泥等杂物污染冲刷不掉的,应人工将表面水泥砂浆凿除。中面层表面清扫干净,冲洗的水迹晾干后喷洒黏层沥青。以浇洒均匀、不流淌、不黏轮为准。黏层沥青喷洒后应进行交通管制,禁止任何车辆通行和人员踩踏。

3. 试验段施工要点

1) 严格控制原材料质量

要注意粗细集料和填料的质量,对不合格的矿料,不准运进拌和厂。堆放矿料的地坪必须硬化,并具有良好的排水系统,避免材料被污

染；各品种材料间应用墙体隔开，以免相互混杂。

细集料及矿粉必须覆盖，细集料潮湿将影响喂料数量和拌和机产量。木质素纤维保管、存放、运输过程中均不得受潮。

2) 试验路混合料的拌制

试验段控制的改性沥青和集料的加热温度以及混合料的出厂温度应满足表 7.9 的要求。

试验段沥青混合料控制的拌和时间及加料次序见表 8.22。

表 8.22　SDA-10 试验段的拌和时间及加料次序

加矿料加矿粉	干拌约 12s	加沥青加纤维	湿拌约 45s	出料
总生产时间 60～70s				

3) 试验路混合料的运输

采用插入式热电偶温度计(必须经常标定)检测沥青混合料的出厂温度和运到现场温度，插入深度大于 150mm。在运料卡车侧面中部设专用检测孔，孔口距车箱底面约 300mm。

拌和机向运料车放料时，汽车应前后移动，分三堆装料，以减少混合料离析。

沥青混合料运输车的运量应比拌和能力和摊铺速度有所富余，摊铺机前方应有 5 辆运料车等候卸料。

运料车应用完整无损的双层篷布覆盖，卸料过程中继续覆盖，直到卸料结束取走篷布，以保温防雨、避免污染环境。

连续摊铺过程中，运料车在摊铺机前 10～30cm 处停住，不得撞击摊铺机。卸料过程中运料车应挂空挡，靠摊铺机推动前进。

4) 试验路混合料的摊铺

连续稳定的摊铺是提高路面平整度最主要的措施，应根据拌和机的产量、施工机械配套情况及摊铺厚度，按 2～3m/min 进行摊铺，整个过程做到缓慢、均匀、不间断地摊铺。

摊铺的混合料未压实前，施工人员不得进入踩踏。一般不用人工整修，只有在特殊情况下，需在现场主管人员指导下，用人工找补或更换混合料，缺陷较严重时应予铲除，并调整摊铺机或改进摊铺工艺。

SDA-10 混合料上面层由两台摊铺机联合作业实施摊铺时，前摊铺机过后，摊铺层纵向接缝应呈斜坡，后面摊铺机跨缝 5～10cm 摊铺。两台摊铺机距离控制在 15m 左右。

摊铺机调整到最佳工作状态，调试好螺旋布料器两端的自动料位器，并使料门开度、链板送料器的速度和螺旋布料器的转速相匹配。螺旋布料器的料量应高于螺旋布料器中心，使熨平板的挡料板前混合料在全宽范围内均匀分布，并在起步前就应将料量调整好，再实施摊铺，避免摊铺层出现离析现象；随时分析、调整粗细料是否均匀，检测松铺厚度是否符合规定。摊铺前应将熨平板预热至规定温度(不低于 100℃)，摊铺时熨平板应采用中强夯等级，使铺面的初始压实度不小于 85%。摊铺机熨平板必须拼接紧密，不允许存有缝隙，防止卡入粒料将铺面拉出条痕。

摊铺机集料斗应在刮板尚未露出，尚有约 10cm 厚的热料时，下一辆运料车即开始卸料，做到连续供料，并避免粗料集中。积极采取相应措施，尽量做到摊铺机不拢料，以减少面层离析。

5)试验路的压实

SDA-10 混合料试验段的初压、复压采用钢轮振动压路机碾压，碾压应遵循紧跟、慢压、高频、低幅的原则。混合料摊铺后应尽快在高温状态下开始碾压，不得等候。不得在低温状态下反复碾压，防止磨掉石料棱角、压碎石料，破坏石料嵌挤结构。

在初压和复压过程中，采用同类压路机并列成梯队压实，不宜采用首尾相接的纵列方式。采用振动压路机压实 SDA-10 混合料路面时，压路机轮迹的重叠宽度不应超过 20cm。不得向压路机轮表面喷涂油类或油水混合液，需要时可喷涂清水或含有隔离剂的水溶液，喷洒应呈雾状，以不黏轮为度。

试验段压路机以均匀速度碾压。压路机的碾压速度随压实阶段及压路机的类型而变，具体速度见表 8.23。

表 8.23　压路机碾压速度　　　　(单位：km/h)

压路机类型	初压	复压	终压
钢轮振动压路机	2～3	3～5	—

SDA-10 混合料路面摊铺后马上碾压，由专人负责指挥协调各台压路机的碾压路线和碾压遍数，使摊铺面在较短时间内达到规定压实度，且碾压温度符合表 7.9 的规定。压路机折返应呈梯形，不应在同一断面上。

松铺厚度、碾压顺序、碾压遍数、碾压速度及碾压温度等应设专岗检查。SDA-10 混合料试验段施工严格控制碾压遍数，在压实度达到马歇尔密度的 98%以上，或者路面现场空隙率不大于 6%后，不再进行过度碾压。在碾压过程中发现有石料压碎、棱角明显磨损等过碾压的现象时，停止碾压。

路面压实完成 24h 后，允许施工车辆通行。

8.3.4　SDA-10 试验路传感器的安装

试验段埋设传感器，用于检测荷载和环境因素作用下路面结构的响应，为路面结构分析提供数据基础。根据路面结构分析，选择的检测指标有荷载、温度、湿度、应力、应变。传感器类型及数量见表 8.24，传感器布设图如图 8.2 所示。

表 8.24　传感器类型及数量

层位	传感器类型	断面数量	传感器总数
	纵、横向应变传感器各 2 个	1	4
上面层	温度传感器 1 个	1	1
	湿度传感器 1 个	1	1
	纵、横向应变传感器各 2 个；竖向 2 个	1	6
中面层	温度传感器 1 个	1	1
	湿度传感器 1 个	1	1
	纵、横向应变传感器各 2 个；竖向 2 个	1	6
下面层	温度传感器 1 个	1	1
	湿度传感器 1 个	1	1
	合计		22

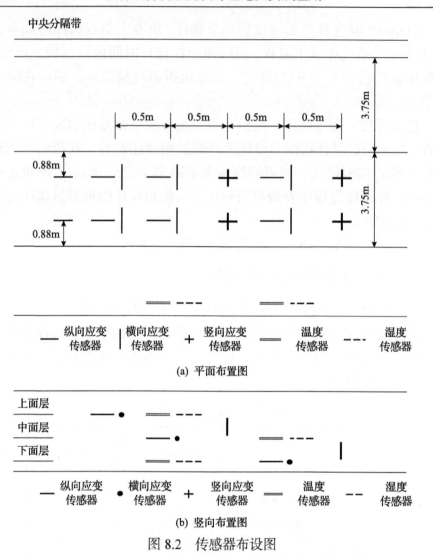

图 8.2　传感器布设图

8.3.5　SDA-10 试验路检测

施工期间，在拌和站取料进行室内马歇尔试验及抽提筛分试验。施工完成后，对试验段进行现场检测，检测 SDA-10 路面压实度、渗水系数、平整度、构造深度及抗滑系数等。检测结果如下。

（1）抽提筛分试验结果。具体试验结果见表 8.25，检测技术指标试验结果满足《公路沥青路面施工技术规范》（JTG F40—2004）及设计文件技术要求。

表 8.25　试验段 SDA-10 混合料抽提筛分试验各筛孔通过百分率

（单位：%）

筛孔尺寸/mm	沥青质量分数	
	5.81%	5.70%
13.2	100	100
9.5	99.24	99.14
4.75	52.42	52.36
2.36	28.04	28.08
1.18	17.25	17.19
0.6	14.25	14.28
0.3	12.46	12.51
0.15	11.30	11.31
0.075	9.87	9.79

(2)室内马歇尔试验结果。马歇尔试验击实温度为 165℃，击实次数为双面各 75 次，具体试验结果见表 8.26，检测技术指标试验结果满足《公路沥青路面施工技术规范》(JTG F40—2004)及设计文件技术要求。

表 8.26　试验段 SDA-10 混合料室内马歇尔试验结果

试件编号	1	2	3	4	平均值
沥青质量分数/%	5.8				—
试件厚度(平均值)/mm	62.41	62.57	62.54	63.31	62.71
试件厚度/mm	62.30	62.50	62.60	63.50	—
	62.50	62.40	62.50	63.20	—
	62.38	62.70	62.52	63.08	—
	62.44	62.66	62.52	63.44	—
试件空气中质量 m_a/g	1194.30	1198.60	1197.70	1194.30	1196.23
试件水中质量 m_w/g	697.40	701.50	697.50	697.60	698.50
试件饱和面干质量 m_f/g	1195.80	1200.90	1199.60	1198.70	1198.75
试件毛体积相对密度	2.3963	2.4001	2.3854	2.3834	2.3913
最大相对理论密度	2.487				—
空隙率 VV/%	3.6	3.5	4.1	4.2	3.9
P_{be}	5.6				—

续表

试件编号	1	2	3	4	平均值
矿料间隙率 VMA/%	17.16	17.03	17.54	17.61	17.34
沥青饱和度 VFA/%	78.81	79.54	76.76	76.39	77.88
稳定度/kN	16.56	20.17	16.43	15.93	17.27
流值/mm	3.86	8.99	3.09	6.41	5.59

(3)压实度试验结果。具体试验结果见表 8.27,检测技术指标试验结果满足《公路沥青路面施工技术规范》(JTG F40—2004)及设计文件技术要求。

表 8.27　试验段 SDA-10 混合料压实度试验结果

试样编号	取样桩号	试件在空气中质量/g	试件在水中的质量/g	试件表干质量/g	毛体积密度/(g/cm³)	压实度/%
1	K235+050	761.4	433.7	758.1	2.347	98.2
2	K235+150	772.3	440.2	768.5	2.352	98.4
3	K235+200	667.7	375.0	658.1	2.359	98.6
4	K235+380	695.7	393.8	689.9	2.350	98.3
5	K235+450	715.3	400.3	702.6	2.366	99.0

(4)渗水系数试验结果。具体试验结果见表 8.28,检测技术指标试验结果满足《公路沥青路面施工技术规范》(JTG F40—2004)及设计文件技术要求。

表 8.28　试验段 SDA-10 混合料渗水系数试验结果

测点编号	测点桩号	测点距中桩距离/m	渗水情况读数/mL 初始值	第三分钟末	渗水系数/(mL/min) 测量值	平均值	标准差	变异系数/%
1	K235+050	3.5	—	—	不渗水			
2	K235+150	7	—	—	不渗水			
3	K235+200	3.5	—	—	不渗水	—	—	—
4	K235+380	7	—	—	不渗水			
5	K235+450	7	—	—	不渗水			

(5)平整度试验结果。具体试验结果见表 8.29，检测技术指标试验结果满足《公路沥青路面施工技术规范》(JTG F40—2004)及设计文件技术要求。

表 8.29　试验段 SDA-10 混合料平整度试验结果

桩号	平整度标准差/mm
K235+000～K235+100	1.13
K235+100～K235+200	1.04
K235+200～K235+300	0.97
K235+300～K235+400	1.02
K235+400～K235+500	1.11

(6)构造深度试验结果。具体试验结果见表 8.30，检测技术指标试验结果满足《公路沥青路面施工技术规范》(JTG F40—2004)及设计文件技术要求。

表 8.30　试验段 SDA-10 混合料构造深度试验结果

桩号	距中桩距离/m	摊砂直径/mm	表面构造深度/mm	平均构造深度/mm
K235+200	3.5	190	0.9	0.8
		200	0.8	
		195	0.8	
K235+400	7	195	0.8	0.9
		185	0.9	
		180	1.0	

(7)抗滑试验结果。具体试验结果见表 8.31，检测技术指标试验结果满足《公路沥青路面施工技术规范》(JTG F40—2004)及设计文件技术要求。

从前期试验路的铺筑和后期各项试验检测结果可以看出，所采用的混合料配合比、拌和、运输、摊铺及碾压工艺是切实可行的，无论是混合料的级配还是沥青油石比均控制得比较准确、稳定，能较稳定地执行设计配合比，同时各项指标(如压实度、平整度、渗水、抗滑等)均能较好地满足设计及施工规范的要求，为后期大面积应用打下了坚实的基础。

表 8.31　试验段 SDA-10 混合料抗滑试验结果

桩号	摆值 BPN						BPN 平均值	路面温度/℃	温度修正值 ΔBPN	修正后摆值 BPN$_{20}$
	1	2	3	4	5	平均值				
K235+200	60	61	58	60	61	60	60	10	−3	57
	59	58	60	60	60	59				
	62	61	61	60	62	61				
K235+400	61	62	62	60	61	61	61	10	−3	58
	58	60	61	61	60	60				
	60	61	62	62	61	61				

8.4　试验路的跟踪观测

试验路通车以后分别于 2019 年 6 月与 12 月对试验路段进行检测，检测结果如下。

8.4.1　车辙检测

车辙等沥青路面的流动变形是国际上最常见的沥青路面损坏现象。据统计，在沥青路面的维修养护中，有约 80% 是因为车辙变形。车辙病害的维修也较为困难，因为调查表明车辙病害主要表现为上面层的累积变形，但往往上面层并未发生厚度变化，而中、下面层变形较为严重。夏季的高温气候、道路交通量的增加、重载车的大幅度增加、上坡路段重载车的车速减缓、荷载作用时间的延长及渠化交通等都是路面产生车辙的原因。

路面车辙直接影响路面的行车安全性和舒适性。在西方发达国家的高速公路和城市干道上，车辙是导致路面路用性能下降、路面损坏而需要维修的主要原因。我国高速公路路面在继反射裂缝和水损害等损坏类型之后，目前的主要问题是严重的车辙，车辙出现的速度和范围远超预期。

本次检测采用激光路面断面测试仪，检测结果见表 8.32。

表 8.32　车辙检测结果

桩号	6 月车辙深度/mm	12 月车辙深度/mm
K235+000～K235+100	1.19	6.99
K235+100～K235+200	1.09	7.09
K235+200～K235+300	1.02	5.32
K235+300～K235+400	1.06	6.73
K235+400～K235+500	1.15	7.35

试验路从通车以来，经过一个高温季节的考验，路面变形量很小，行车道车辙的平均深度为 6.90mm，以 10m 为一个评价单位没有出现平均深度超过 10mm 的段落，说明路面抗车辙性能较好。

8.4.2　平整度检测

路面平整度的检测指标为国际平整度指数 IRI，本次检测采用激光路面断面测试仪，标准测定速度为 30～95km/h，测定结果以 m/km 表示。检测结果见表 8.33。

表 8.33　平整度检测结果

桩号	6 月 IRI/(m/km)	12 月 IRI/(m/km)
K235+000～K235+100	1.31	1.34
K235+100～K235+200	1.19	1.29
K235+200～K235+300	1.14	1.16
K235+300～K235+400	1.22	1.24
K235+400～K235+500	1.25	1.26

检测结果表明，经过一年多的考验，试验路的路面平整度以 100m 为一个评价段落，平整度指数平均值为 1.26m/km，按照《公路技术状况评定标准》(JTG 5210—2018)换算为路面行驶质量指数 RQI，结果评价为优秀，说明路面平整度较好。

8.4.3　弯沉检测

采用落锤式弯沉仪(falling weight deflectometer, FWD)进行弯沉检

测，具有快速、无损、高精度、便于现场足尺测试等优点，已广泛应用于评价路面结构的整体强度及承载能力，是目前路面现场检测及质量控制的最有效手段和方法。在进行弯沉测试时应注意以下几点：

（1）先标记点位，然后将承载板中心对准点位的正中心进行加载测试。

（2）一般一个测点需用设定的加载级位锤先预砸一次，然后重复进行三次，取 3 次重复试验的平均值作为实测值，以便更好地反映路基或者路面结构层的结构特性。通常第一锤主要用于承载板的安放，测定的弯沉结果不稳定，不能真正反映路基或者路面结构层的结构特性。

（3）弯沉检测过程中需要实时记录环境温度以及路面表面的温度，方便对弯沉进行温度修正，真实还原荷载作用下动弯沉的真值。

弯沉检测结果见表 8.34。

表 8.34　弯沉检测结果

桩号	6 月弯沉深度/mm	12 月弯沉深度/mm
K235+000～K235+100	0.1596	0.1601
K235+100～K235+200	0.1577	0.1582
K235+200～K235+300	0.1606	0.1609
K235+300～K235+400	0.1630	0.1639
K235+400～K235+500	0.1601	0.1620

检测结果表明，试验路的路面弯沉深度平均值为 0.1601mm，按照《公路技术状况评定标准》（JTG 5210—2018）换算为路面结构强度指数 PSSI，结果评价为优秀，说明路面结构性能良好。

8.4.4　传感器数据采集

高速行驶的车辆荷载对路面结构产生连续、瞬间的冲击作用，路面的工作状况与静载受力条件不同。借助高频数据采集系统和在路面结构中安装的检测传感器，可以采集到路面结构在车轮动载作用下的完整响应过程。传感器采集的应变数据见表 8.35 和表 8.36。

表 8.35　2019 年 6 月传感器采集的应变数据（10^{-6}）

层位	纵向传感器						横向传感器					
	1#传感器			2#传感器			1#传感器			2#传感器		
	拉	压	总	拉	压	总	拉	压	总	拉	压	总
上面层	2.4	−21.2	23.6	3.3	−18.9	22.2	3.2	−16.8	20	2	−14	16
中面层	6.6	−17.4	24	4.2	−16.5	20.7	3.8	−11.5	15.3	5.5	−9.6	15.1
下面层	7.9	−17.3	25.2	6.2	−16.4	22.6	5.9	−10.9	16.8	6.6	−9.1	15.7

表 8.36　2019 年 12 月传感器采集的应变数据（10^{-6}）

层位	纵向传感器						横向传感器					
	1#传感器			2#传感器			1#传感器			2#传感器		
	拉	压	总	拉	压	总	拉	压	总	拉	压	总
上面层	1.1	−19.3	20.4	1.5	−19.9	21.4	1.4	−13.8	15.2	0.9	−12.4	13.3
中面层	3.5	−15.9	19.4	3.3	−14.7	18	3.1	−12.1	15.2	2.9	−12.3	15.2
下面层	4.8	−14	18.8	4.9	−13.6	18.5	4.6	−11.3	15.9	4.5	−11.3	15.8

　　测试数据表明，仅从传感器测试数据分析，沥青层底纵向应变总体上大于沥青层底横向应变，拉应变均小于压应变，道路结构受压显著；6 月高温季节应变多大于 12 月低温季节应变。

参 考 文 献

[1] 严家伋. 道路建筑材料[M]. 2 版. 北京: 人民交通出版社, 1986.

[2] 美国沥青协会. 高性能沥青路面(Superpave)基础参考手册[M]. 贾渝, 曹荣吉, 李本京, 译. 北京: 人民交通出版社, 2005.

[3] 美国国家沥青研究中心. 热拌沥青材料、混合料设计与施工[M]. 张起森, 等译. 北京: 人民交通出版社, 2009.

[4] 沈金安, 李福普. 论沥青路面集料标准筛的修订[J]. 公路交通科技, 1993, 10(1): 24-31.

[5] Fuller W B, Thompson S E. The laws of proportioning concrete[J]. Transactions of the American Society of Civil Engineers, 1907, 59(2): 67-143.

[6] 谭忆秋. 沥青与沥青混合料[M]. 哈尔滨: 哈尔滨工业大学出版社, 2007.

[7] 林绣贤. 路面材料矿料组成设计的基本原理与实践验证[J]. 华东公路, 1978, (1): 53-69.

[8] 林绣贤. 沥青混凝土合理集料组成的计算公式[J]. 华东公路, 2003, (1): 82-84.

[9] 林绣贤. HMA 和 SMA 的集料组成和 VMA 的关系[J]. 上海公路, 2003, (1): 6-8, 43.

[10] 郝培文. 沥青与沥青混合料[M]. 北京: 人民交通出版社, 2009.

[11] Aschenbrener T B, Bonaquist R, et al. Bailey Method for Gradation Selection in Hot-Mix Asphalt Mixture Design[R]. Washington DC: Transportation Research Board, 2002.

[12] Vavrik W R. Asphalt mixture design concepts to develop aggregate interlock[D]. Champaign: University of Illinois at Urbana-Champaign, 2000.

[13] 屈波. 贝雷法在粗级配沥青混合料设计中的应用[J]. 公路与汽运, 2008, (3): 81-83.

[14] 杨彦昌. 分形理论在沥青混合料中的应用研究[D]. 长沙: 长沙理工大学, 2009.

[15] 李松. 基于分形理论的沥青混合料空隙特征研究[D]. 天津: 河北工业大学, 2015.

[16] 杨瑞华, 许志鸿, 张超, 等. 沥青混合料分形级配理论[J]. 同济大学学报(自然科学版), 2008, 36(12): 1642-1646.

[17] 杨瑞华, 许志鸿. 密级配沥青混合料集料分形分维与路用性能的关系[J]. 土木工程学报, 2007, 40(3): 98-103, 109.

[18] 张肖宁, 王绍怀, 吴旷怀, 等. 沥青混合料组成设计的 CAVF 法[J]. 公路,

2001, 46(12): 17-21.

[19] 沙庆林. 多碎石沥青混凝土[J]. 公路, 1997, 42(11): 1-8.

[20] 沙庆林. 矿料级配检验方法之一 VCA$_{DRF}$ 方法[J]. 公路, 2005, 50(2): 89-99.

[21] 沙庆林. 矿料级配检验方法之二 VCA$_{AC}$ 方法[J]. 公路, 2005, 50(4): 121-132.

[22] 沙庆林. 矿料级配检验方法之二 VCA$_{AC}$ 方法(续)[J]. 公路, 2005, 50(5): 106-116.

[23] Olard F. GB5 mix design: High-performance and cost-effective asphalt concretes by use of gap-graded curves and SBS modified bitumens[J]. Road Materials and Pavement Design, 2012, 13(S1): 234-259.

[24] 沙庆林. SAC 和其他粗集料断级配的矿料级配设计方法[J]. 公路, 2005, 50(1): 143-150.

[25] 石立万, 王端宜, 蔡旭, 等. 基于数字图像处理的粗集料接触分布特性[J]. 中国公路学报, 2014, 27(8): 23-31.

[26] Coenen A R, Kutay M E, Sefidmazgi N R, et al. Aggregate structure characterisation of asphalt mixtures using two-dimensional image analysis[J]. Road Materials and Pavement Design, 2012, 13(3): 433-454.

[27] 段跃华, 张肖宁, 李红杰, 等. 基于 CT 图像的粗集料颗粒接触特性细观尺度研究[J]. 建筑材料学报, 2011, 14(6): 808-813.

[28] 蔡旭, 王端宜, 黎侃, 等. 基于散体力学的沥青混合料剪切模量预估[J]. 中国公路学报, 2013, 26(6): 38-46.

[29] 石立万, 王端宜. 基于数字图像处理的沥青混合料主骨架评价标准[J]. 中国公路学报, 2017, 30(5): 52-58, 73.

[30] 英红, 王锦河, 张宏, 等. 基于图像的 AC20 型混合料集料接触分布变异性[J]. 同济大学学报(自然科学版), 2011, 39(3): 359-364.